Diogenes Taschenbuch 22012

Tintenfaß

*Das Magazin
für den überforderten
Intellektuellen
Nummer 12
Herausgegeben
von
Franz Sutter*

Das *Tintenfaß* erscheint
in unregelmäßiger Folge.
Impressum, Nach- und Hinweise
am Schluß des Bandes.
Umschlag: Marilyn Monroe
an der Premiere von
The Seven Year Itch, 1954
Frontispiz:
Paul Flora, Die Raben von San Marco,
1985 (Ausschnitt)

Originalausgabe

Alle Rechte vorbehalten
Copyright © 1985 by
Diogenes Verlag AG Zürich
100/85/36/1
ISBN 3 257 22012 X

*Die heutige Gesellschaft verteidigt sich
nur aus platter Notwendigkeit,
ohne Glauben an ihr Recht, ja ohne
Selbstachtung, ganz wie jene ältere
Gesellschaft, deren morsches Gebälke
zusammenstürzte, als der Sohn des
Zimmermanns kam.*

Heinrich Heine

*Ich verachte die kleinlichen Seelen, die,
weil sie die Wirkungen der Dinge zu
weit voraussehen, nichts zu unternehmen
wagen.*

Molière

*Die Umgestaltung des Alten ist ganz
leicht. Vereinigungen von Gleich-
gesinnten bilden sich ... Die Wiederkehr
des Lichts ist im Naturablauf begründet.*

I GING, Buch der Wandlungen

Inhalt

Patricia Highsmith	*Nixen auf dem Golfplatz* 9
Laurence Olivier	*Der Prinz und die Tänzerin* *Erinnerungen an Marilyn Monroe* *und Lee Strasberg* 29
Harold Adamson und Hoagy Carmichael	*When Love Goes Wrong* *Ein Lied von Marilyn Monroe* *gesungen* 44
	Das süße Leben der Marilyn Monroe *Ein Bilderbogen* 46
Nicoletta Sipos	*»Ich habe die Frau gegessen, die ich* *anbetete.«* 53
Roland Topor	*Wenn ich ... mich wäre* *Chronik des Fantasiebildes, des* *Größenwahns und der imaginären* *Abrechnung* 59
Lao Tse	*Unter diesem Himmel* 65
Patricia Bosworth	*Diane Arbus* *Erinnerungen an die Photographin,* *ihre Freunde und Modelle, an Mae* *West, Richard Avedon, Andy* *Warhol und Germaine Greer* 66
Genoveva Dieterich	*Einzelgänger Hammett* 85
Walt Whitman	*Ich singe das Selbst* 91
Evelyn Waugh	*›Im 13. Jahrhundert hätte ich mich* *wohlgefühlt.‹* *Ein Gespräch mit Julian Jebb* 93
	Auf Posten 102

Federico Fellini	*Das Alter packt einen ganz plötzlich* 118
Herbert Eisenreich	*Aus nichts wird nichts als Ärger* 120
Ray Bradbury	*Sterbe ich, so stirbt die Welt* 129
Gerd Fuchs	*Adorno, Enzensberger und jetzt Hildesheimer* 131
Sean O'Casey	*Mein Freund Čechov Zum 125. Geburtstag* 135
Anton Čechov	*»Eine Erzählung ohne Frau ist wie eine Maschine ohne Dampf« Aus Briefen an A. S. Suvorin, Maksim Gorkij, O. L. Knipper, V. È. Mejerchold, M. O. Menšikov, S. P. Djagilev und andere* 137
Howard Moss	*Henrik Ibsen Augenblicke aus dem Leben großer Geister* 168
	Einseitige Liebe 171
	Keiner verstand sein Chinesisch 171
Kurt Bartsch	*Fading und sechs andere deutsche Parodien* 172
Peter Bichsel	*Killt das Fernsehen die Bücher? Ein Gespräch mit Rudolf Blum und Rolf Mühlemann* 184
Walther von der Vogelweide	*Urteil* 189
Wladimir F. Odojewskij	*Die Poesie der Aktien* 190
Alexander Sinowjew	*... mag ich, mag ich nicht* 192
Patrick Süskind	*Ein Kampf* 195
Otto Jägersberg	*Wer wo* 211
	Nach- und Hinweise 213

Patricia Highsmith

Nixen auf dem Golfplatz

Freitag, der fünfzehnte Juni, war ein großer Tag für Kenneth W. Minderquist und seine Familie, das hieß seine Frau Julia, seine Enkelin Penny – sechs Jahre alt und sein Augapfel – und seine Schwiegermutter Becky Jackson, die jeden Augenblick mit Penny ankommen sollte.

Das große Haus war tadellos in Ordnung, aber Julia hatte den Vorrat an alkoholischen Getränken und das Buffet (Canapés, kalter Aufschnitt, belegte Sandwiches, Sellerie, Oliven) doch lieber zweimal kontrolliert – das ideale Buffet für die Journalisten und Fotografen, die sich für elf Uhr angesagt hatten. Gestern abend war auch noch ein Telegramm vom Präsidenten gekommen:

> HERZLICHEN GLUECKWUNSCH KEN STOP
> KOMME WENN MOEGLICH
> FREITAG MORGEN KURZ VORBEI STOP ANSONSTEN
> ALLES GUTE STOP LIEBE GRUESSE AN DICH UND
> DEINE FAMILIE STOP   TOM

Das hatte Minderquist gefreut, und Julia, die stets allzu umsichtige Gastgeberin, daraufhin noch einmal auf alles einen

Blick werfen lassen. Der Butler-Chauffeur Fritz würde ihr selbstverständlich zur Hand gehen, und das war eine große Hilfe. Sie hatten Fritz zusammen mit dem Haus übernommen, ebenso wie das Silber und die schweren weißen Tischservietten, die Möbel und sogar die Bilder an den Wänden.

Minderquist schaute seiner Frau gelassen und seelenruhig zu; er konnte mit Überzeugung sagen, daß es ihm jetzt genau so gut ging wie vor drei Monaten, vor dem Unfall. Manchmal meinte er sogar, noch besser als zuvor – heiterer und lebendiger. Schließlich hatte er sich ja auch wochenlang in den Kliniken ausruhen können, trotz aller möglichen Untersuchungen. Minderquist hielt sich für einen der – physisch und psychisch – meistuntersuchten Menschen der Welt.

Der Unfall hatte sich am St. Patrick's Tag in New York ereignet. Minderquist hatte zusammen mit zweihundert anderen Menschen mit dem Präsidenten auf der Ehrentribüne gestanden. Als die Parade vorüber war und alles von der Tribüne herunterkletterte und sich auf die Limousinen und Taxis verteilte, waren plötzlich Schüsse gefallen – vier Schüsse, drei schnell hintereinander und dann noch einer. Rein zufällig stand Minderquist in der Nähe des Präsidenten und sah, wie der Präsident zusammenzuckte und sich krümmte (ein Schuß hatte ihn in die Wade getroffen), worauf Minderquist sich ohne nachzudenken und wie ein trainierter Leibwächter auf den Präsidenten warf, so daß beide zu Boden fielen. Der letzte Schuß hatte Minderquist dann an der linken Schläfe erwischt, ihn auf zehn Tage in ein Koma versetzt und fast drei Monate in zwei Krankenhäusern festgehalten. Weithin ging die Meinung, daß ohne Minderquists Dazwischentreten die letzte Kugel den Präsidenten in den Rücken getroffen hätte (die Zeitungen stellten graphisch dar, was mit dem letzten Schuß alles hätte passieren können), wodurch vielleicht das Rückenmark verletzt oder die Leber oder sonstwas durchbohrt worden wäre, und deshalb galt allgemein, Minderquist habe dem Präsidenten das Leben gerettet. Minderquist hatte auch noch ein paar Rippenbrüche davongetragen, denn nun hatten sich die Leibwächter auf *ihn* geworfen, als er den Präsidenten deckte.

Als Zeichen seiner Dankbarkeit hatte der Präsident den Minderquists das hübsche Haus ›Sundocks‹ geschenkt, in dem sie jetzt wohnten. Julia und auch Fritz waren schon seit einem Monat hier; Minderquist war vor zehn Tagen nach seinem zweiten Krankenhausaufenthalt, aus der Klinik in Arlington, entlassen worden. Das Haus war ein zweistöckiger Bau im Kolonialstil, mit weiten ebenen Grünflächen; auf der einen hatte Fritz eine Krocketbahn angelegt. Weiter war da noch ein Swimmingpool, achtzehn mal zehn Meter. Der grüne Pontiac war unauffällig ausgetauscht worden gegen einen dunkelblauen Cadillac, der nach Minderquists Dafürhalten nagelneu war. In dem Cadillac hatte ihn Fritz schon ein paarmal zu einem nahen Golfplatz gebracht, wo Minderquist mit seinen alten Golfschlägern spielte, die er seit Jahren nicht mehr in Händen gehabt hatte. Er fand sich ganz gut in Form, nur hatte er in den letzten Wochen im Krankenhaus um die Taille einige Zentimeter angesetzt.

Und heute sollte Minderquist zum erstenmal seit seiner Entlassung aus der Klinik in Arlington, bei der nur wenige Fotografen anwesend waren, der Presse gegenübertreten. Man hatte ihn schon in den Monaten vor dem Unfalltag am 17. März in der Öffentlichkeit gekannt, weil er als Wirtschaftsberater zur näheren Umgebung des Präsidenten gehörte, obgleich er keinen offiziellen Titel führte. Minderquist war Doktor der Wirtschaftswissenschaften und war Direktor eines großen Elektrokonzerns in Kentucky gewesen, bis vor sechs Monaten der Präsident ihm zunächst einen Vorschuß auf sein Gehalt anbot und dazu ein Arbeitszimmer im Weißen Haus. Ein Berater des Präsidenten hatte Minderquist an der Johns Hopkins Universität sprechen hören (wo Minderquist einen Vortrag hielt) und hatte ihn daraufhin Tom vorgestellt. So hatte sich eins aus dem andern ergeben. *Ein Mann, der ohne Umschweife zur Sache kommt,* so lautete zu Anfang des Jahres die Schlagzeile einer Zeitung, und darauf war Minderquist stolz. Er war nicht immer einer Meinung mit dem Präsidenten. Minderquist brachte seine Ansichten ruhig und gelassen vor, er sah aus, als wollte er sagen: Wenn's Ihnen nicht paßt, lassen Sie's bleiben; denn was er vorbrachte, war die Wahrheit und beruhte auf wirtschaftlichen Erfahrungswerten, von denen der Präsident nicht viel Ahnung hatte. Niemals kam es vor, daß Minderquist in Washington aufbrauste. Es lohnte sich nicht.

Minderquist hoffte, daß Florence Lee vom *Washington Angle* heute kommen werde. Florrie war eine kesse kleine Blondine mit Köpfchen, ihre Kolumne in der Zeitung hieß »Persönlichkeiten der Politik«. Sie war nicht nur witzig, sie erkannte auch genau, um was es bei dem Job eines Mannes oder einer Frau im wesentlichen ging.

»Honey –?« kam Julias Stimme. »Es ist schon halb elf vorbei. Wie geht's dir?«

»Prima! Ich komme schon!« rief Minderquist zurück aus dem Schlafzimmer, wo er sich im Spiegel begutachtete. Er fuhr sich mit dem Kamm durch das braun-graue Haar und rückte an seiner Krawatte. Auf Julias Rat trug er eine schwarze Baumwollhose, ein blaues sommerliches Jackett und ein blaßblaues Hemd. Gute Farben fürs Fernsehen, aber wahrscheinlich kam heute niemand vom Fernsehen, nur Journalisten und ein paar Kameraleute, die Aufnahmen machen wollten. Julia war hier in ›Sundocks‹ nicht so glücklich wie er, das wußte Minderquist; vielleicht kehrten sie doch in ein paar Wochen zurück in ihr Haus in Kentucky. Er mußte das noch weiter mit Julia besprechen. Aber um des Präsidenten willen, und auch wegen seiner – Minderquists – Zukunft in Washington, die lukrativ und interessant war, und wegen der Medien mußten sie jetzt so tun, als seien sie beglückt über das neue Haus.

Minderquist trat aus dem Schlafzimmer heraus.

»Sind Penny und Becky noch nicht da?« sagte er zu seiner Frau im Wohnzimmer. »Ah – das sind sie vielleicht!« Er hatte Autoreifen in der Einfahrt gehört.

Julia blickte aus einem Seitenfenster nach draußen. »Das ist Mamas Wagen. – Sieht es nicht hübsch aus, Ken?« Sie wies auf den langen Tisch mit dem Buffet, der an einer Wand des riesigen Wohnzimmers stand.

»Fabelhaft! Wundervoll – wie für eine Hochzeit oder sowas. Haha!« Gläser standen in schimmernden Reihen, Flaschen, silberne Eiskübel, Teller mit Leckereien. Minderquist hatte jedoch mehr Interesse für seine Enkelin und ging auf die Haustür zu.

»Ken!« sagte seine Frau. »Übertreib's heute nicht. Bleib ganz ruhig, ja? Vorsicht mit der Sprache. Keine Kraftausdrücke.«

»Na sicher doch, Liebling.« Minderquist hatte noch vor Fritz die Haustür erreicht und öffnete sie. »Hal-lo, Penny!« Er wollte das blonde kleine Ding aufheben und in die Arme nehmen, aber Penny drückte sich an Becky und vergrub das Gesicht scheu im Rock ihrer Urgroßmutter. Minderquist lachte. »Immer noch Angst vor mir? 's denn los, Penny?«

»Du hast sie erschreckt, wie du so hastig auf sie zugekommen bist, Ken«, sagte Becky lächelnd. »Und wie geht es dir? Du siehst aber wirklich gut aus heute.«

Frauentratsch im Wohnzimmer. Langsam folgte Minderquist dem Kind – seinem einzigen Enkelkind – in den Flur, der in die Küche führte, aber Penny stürzte den Gang hinunter, als liefe sie um ihr Leben. Minderquist schüttelte den Kopf. Der flüchtige Anblick der blauen Kinderaugen beschäftigte ihn. Früher war sie ihm stets in die Arme gesprungen – im Vertrauen darauf, daß er sie auffangen werde. Hatte er sie jemals enttäuscht, sie jemals fallen lassen? Nein. Erst seit er aus dem Krankenhaus gekommen war, hatte Penny beschlossen, »Angst« vor ihm zu haben.

»Kenny? Ken –?« sagte Julia.

Aber Minderquist wandte sich jetzt an seine Schwiegermutter. »Hast du Nachricht von Harriet und George, Becky?«

Harriet war die Tochter der beiden Minderquists, Pennys Mutter; zu Minderquists großer Freude hatten sie und ihr Mann George Penny bei den Eltern abgestellt, um für drei Wochen in Florida Ferien zu machen. Doch Penny hatte angefangen, sich Minderquist gegenüber sonderbar zu verhalten, grundlos richtige Tränen zu weinen, abends Schwierigkeiten zu machen beim Zubettgehen oder nachts beim Schlafen, so daß Becky, die zwanzig Meilen entfernt in Virginia wohnte, vor ein paar Tagen das Kind zu sich geholt hatte.

Minderquist hörte nicht, was Becky sagte, wenn sie überhaupt etwas sagte, denn jetzt waren die Presseleute angekommen. Zwei oder drei Wagen rollten die Einfahrt herauf. Julia rief Fritz aus der Küche und ging dann selbst die Haustür öffnen.

Es waren mindestens fünfzehn, vielleicht auch zwanzig, die meisten Männer, doch auch fünf oder sechs Frauen. Minderquist spähte nach Florrie Lee aus und entdeckte sie. Seine Stimmung stieg sprunghaft. Sie brachte ihm Glück, in ihrer Gegenwart fühlte er sich wohl – ganz abgesehen davon, daß es ein Vergnügen war, ein so hübsches Gesicht anzuschauen. Er blickte sie an, bis ihr Blick dem seinen begegnete und sie lächelte.

»Hallo, Ken«, sagte sie. »Gut sehen Sie aus. Freut mich, Sie so wohl wieder bei uns zu sehen.«

Minderquist ergriff die leicht ausgestreckte Hand und drückte sie. »Es freut mich, *Sie* zu sehen, Florrie.«

Höflich begrüßte er dann einige andere Leute, von denen er mehrere vom Sehen her kannte; dann steuerte er jene, die Erfrischungen wünschten, auf das Buffet zu, wo Fritz in weißer Weste bereits Bestellungen entgegennahm. Zwei oder drei Kameras blitzten.

»Mr. Minderquist«, sagte ein ernstblickender, schlaksiger junger Mann, in der einen Hand einen Kugelschreiber und einen Notizblock. »Kann ich wohl später ein paar Minuten unter vier Augen mit Ihnen sprechen? Zum Beispiel in Ihrem Arbeitszimmer? Ich bin vom Baltimore HERALD.«

»Kann's nicht versprechen, mein Junge, aber ich versuch's gern«, gab Minderquist mit leutselig-südlichem Tonfall zurück. »Inzwischen kommen Sie erstmal hier mit 'rüber und greifen zu.«

Julia rückte Stühle heran für alle, die Stühle wollten, und achtete darauf, daß jeder den gewünschten Drink oder Fruchtsaft vor sich hatte. Ihre Mutter Becky (Minderquist fand sie heute sehr schick und gut zurechtgemacht) half ihr dabei. Becky hatte in Virginia eine Schule – nicht für Kinder, sondern eine Baumschule – wie Minderquist, so erinnerte er sich jetzt, wiederholt bei Fragen nach seiner Familie den Medien erzählt hatte.

»Ach was, die können mich mal!« sagte Minderquist grinsend auf die Frage eines Journalisten, ob die Gerüchte zutrafen, nach denen er sich pensionieren lassen wolle. Befriedigt bemerkte er die Woge von Gelächter, die seine Bemerkung hervorrief, obgleich er hörte, wie Julia sagte:

»Ken, wie du wieder sprichst!«

Minderquist hatte sich nicht hingesetzt. »Wo ist Penny?« fragte er seine Frau.

»Ach –« Julia zeigte unbestimmt in Richtung Küche.

»Dann gehen Sie also bald zurück nach Washington, Sir?« fragte eine Stimme aus der Gruppe der Sitzenden. »Oder vielleicht nach Kentucky? Herrliches Grundstück haben Sie da.«

»Na sicher, Washington, klar wie Kotze!« sagte Minderquist fest. »Julia, gibt's denn nicht irgendwo ein Bier für mich? Wo ist Fritz?« Er blickte sich nach Fritz um und sah ihn mit einem Eiskübel in die Küche gehen.

»Ja, Ken.« Julia wandte sich zum Buffet um.

Er durfte eigentlich keinen Alkohol trinken wegen der Tabletten, die er noch immer nehmen mußte; aber bei besonderen Anlässen erlaubte er sich ein Bier, etwa an seinem neunundfünfzigsten Geburtstag, nachdem er gerade das zweite Krankenhaus verlassen hatte. Und heute war auch ein besonderer Anlaß: die Presse war bei ihm zu Gast, und noch dazu seine Lieblingsjournalistin Florrie Lee, die nur zwei Meter von ihm entfernt saß. Minderquist überhörte irgendeine der langweiligen Fragen, als er sah, wie Becky seine Enkelin vom Flur hereinführte. Sie hielt Penny an der Hand. Penny ließ sich ziehen, sie wand sich beim Anblick so vieler Leute, und Minderquists Lächeln wurde breiter.

»Hier haben wir die süßeste kleine Enkelin der Welt«, sagte er, doch wahrscheinlich hörte ihn keiner, denn mehrere Fotografen bedrängten ihn jetzt, sich zusammen mit Penny für ein Bild zu stellen.

»Draußen am Swimmingpool!« schlug einer vor.

Alle gingen hinaus, auch Julia. Das Bierglas, das ihm jemand – nicht Julia – vor wenigen Sekunden in die Hand gedrückt hatte, stellte Minderquist neben einen großen Blumentopf auf den blaugekachelten Rand des Schwimmbeckens.

Er blickte mit gerunzelter Stirn in das helle Sonnenlicht und hielt sein Lächeln fest. Aber Penny wollte seine Hand nicht nehmen; aalglatt entzog sie sich seinen Versuchen, sie festzuhalten. Becky gelang es, Pennys Schultern zu fassen, und dann gruppierten sich Minderquist, Julia, Becky und Penny für mehrere Aufnahmen, bis Penny sich duckte, seitlich am Schwimmbecken entlanglief und unter allgemeinem Gelächter entwischte.

Im Wohnzimmer gingen die Fragen dann weiter.

»Jetzt noch Schmerzen, Mr. Minderquist?«

Minderquist starrte Florrie an, die heute, wie ihm schien, ein ganz besonderes Lächeln für ihn hatte. »Naaain«, erwiderte er. »Wenn ich Schmerzen hab' –« Tatsächlich hatte er manchmal Kopfschmerzen, aber nicht der Rede wert. »Nein, nicht der Rede wert. Es geht mir prima, ich spiele etwas Golf –«

»Was sagen denn die Ärzte, wann Sie die Arbeit wieder aufnehmen können?«

»Ich bin ja schon wieder an der Arbeit, sozusagen«, erwiderte Minderquist und lächelte in die Richtung der Frage. »Ja, ich – erhalte Memos vom Präsidenten – habe Entscheidungen zu treffen.« Wo war Tom? Minderquist blickte über seine Schulter, als käme der Wagen des Präsidenten gerade die Einfahrt herauf, oder – viel wahrscheinlicher – als sei ein Helikopter im Begriff, drüben auf dem großen Rasen zu landen. Aber er hörte nichts. »Tom hat gesagt, er werde vielleicht hereinschauen. Weiß nicht, ob er es heute schafft. Weiß jemand was?«

Niemand antwortete.

»Willst du dich nicht hinsetzen, Ken?« fragte Julia.

»Nein, mir geht's tadellos, danke Liebes.«

»Schwimmen Sie ganz allein da im Pool?« fragte eine Frauenstimme von irgendwoher.

»Na klar schwimme ich allein«, sagte Minderquist, obgleich Fritz immer mit im Wasser war, wenn er schwamm. »Meint ihr, ich hätte einen Leibwächter dabei? Oder eine Nixe, die mich über Wasser hält? Leider nicht – hätte nichts dagegen!« Er lachte laut, und einige Journalisten stimmten ein. Minderquist warf einen Blick auf seine Frau und sah gerade noch, wie sie ihm bedeutete: PASS AUF, aber er hielt sich doch eigentlich ganz gut. Ein paar Lacher konnten nicht schaden. Er wußte, er sah energiegeladen aus, und Energie war bei der Presse immer beliebt. »Auf 'ner Meerjungfer reiten, *das* würd' mir Spaß machen«, fuhr er fort. »Aber auf dem Golfplatz, da –« Er wollte noch etwas weiter phantasieren über Nixen auf Golfplätzen, aber er bemerkte ein Murmeln unter den Anwesenden, als ob die Journalisten sich miteinander berieten. Meerjungfern, die den Rasen verschönerten und mit den Schwänzen flippten, um die Bälle für den Golfer günstiger zu placieren, das hatte Minderquist sagen wollen, doch plötzlich wurden ihm von drei Seiten gleichzeitig Fragen gestellt.

Die Fragenden wollten auf den Unfall zurückkommen, auf den Mordversuch am Präsidenten.

»Wie denken Sie heute darüber«, sagte eine Männerstimme.

»Na ja, wie ich schon oft gesagt habe – es war ein klarer Tag, friedlich, sonnig. War schön, da auf der Ehrentribüne nahe an der Straße. Bis wir dann 'runterkamen.« Minderquist warf einen Blick auf Florrie Lee, die ihn direkt ansah, und er zwinkerte. »Als ich die Schüsse hörte –« Auf einmal vernebelten sich seine Gedanken. Vielleicht hatte er das alles schon zu oft erzählt. Lag es daran? Aber die Show mußte weitergehen. »Ich hatte keine Ahnung, was das für Schüsse waren, nicht wahr – konnten Knallfrösche sein, oder 'n Auto hatte Fehlzündung. Wie ich Tom sich vornüber beugen und nach seinem Bein fassen sah, da wußte ich es irgendwie. Ich stand so nahe beim Präsidenten – ich konnte nur eins‹ tun, und das tat ich«, schloß Minderquist mit kurzem Auflachen, als habe er soeben eine Anekdote zum Besten gegeben. Abwesend fuhr er sich über die Delle an seiner linken Schläfe, und sah dabei die Reporter kritzeln, obwohl einige auch Tonbandgeräte mitgebracht hatten. Er blickte zu Julia hinüber und sah, wie sie ihm mit einem leichten Lächeln zunickte; offenbar hatte er also alles ganz gut gesagt.

»Sie sprachen vorhin von Entspannung, Mr. Minderquist«, sagte eine andere männliche Stimme. »Sie spielen jetzt Golf?«

»Na sicher. Fritz fährt mich hin. Allerhand Nixen da auf dem Golfplatz, das könnt ihr mir glauben!« Minderquist dachte an die reizenden Teenager, die jungen Mädchen in Shorts und Trägern, die auf dem Golfplatz hin- und herflitzten wie Schmetterlinge – Kinder noch, und doch ganz schmuck. Aber nicht so anziehend wie Florrie Lee, die wohl nicht nur zugänglicher war als die Teenager (eine von denen hatte neulich abgelehnt, als er sie im Klubhaus zu einem Fruchtsaft einladen wollte), sondern ihn heute morgen zu einer Annäherung geradezu herauszufordern schien. Noch nie hatte er erlebt, daß sie ihn so angesehen hatte, unverwandt und mit einem heimlichen Lächeln, wie sie da in der ersten Reihe der Presseleute auf ihrem Stuhl saß.

Jemand lachte leise. Minderquist sah den Lachenden, es war ein junger Mann mit dunkler Hornbrille, der sich an seinen Nebenmann gewandt hatte und ihm etwas zuflüsterte.

»Nixen auf dem Golfplatz?« fragte eine Frau lächelnd.

»Ja – ich meine all die hübschen Mädchen.« Minderquist lachte. »Wenn's nur Nixen wären – schön blond mit langen Haaren und oben ohne. Ha-ha! Da fällt mir übrigens ein Nixenwitz ein.« Er zog die beiden Seiten seines Jacketts zusammen, aber er wußte, es ließ sich nicht zuknöpfen, also versuchte er es erst gar nicht. »Kennt ihr den mit der schwedischen Nixe, die nur Schwedisch sprach und von ein paar englischen Fischern aufgefischt wurde? Die dachten, sie sagte –«

»Ken, *nicht*«, kam Julias Stimme deutlich links von Minderquist. »Den nicht.«

Gelächter der Anwesenden.

»Also mal los, Ken«, sagte einer.

Minderquist grinste. Er hätte gern weitererzählt, aber Julia trat neben ihn, faßte seinen linken Arm, drängte ihn aufzuhören – wenn sie auch lächelte, um die Stimmung nicht zu verderben. Minderquist verschränkte die Arme, ganz resignierter Ehemann. »Okay, den also nicht. Schade, ist einer meiner besten. Aber ganz wie die Damen wünschen.«

»Sie und Ihre Frau spielen Scrabble, Sir? Auf dem

Tisch da drüben steht ein Scrabblespiel«, sagte einer der Männer. – Bei dem Wort Scrabble war es Minderquist, als explodiere eine kleine Bombe in seinem Gehirn oder in seiner Erinnerung. Sie spielten nicht mehr, er und Julia. Der Grund war, daß er sich nicht konzentrieren konnte oder wollte. »Jaa – manchmal«, sagte er achselzuckend.

Minderquist merkte, wie einige erneut miteinander flüsterten. Er blickte sich nach Julia um und sah, wie sie ein Glas von jemandem entgegennahm, um es wieder zu füllen. Ja – mindestens sechs Köpfe, darunter sogar Florrie Lee, senkten sich zu einem Murmeln, und er hatte das Gefühl, sie zögen über ihn her, sagten womöglich, er sei nicht mehr der alte, er versuche bloß, so zu tun. Vielleicht argwöhnten sie sogar, er sei jetzt impotent (wie lange würde das wohl dauern?); wußten sie es etwa von den Ärzten, mit denen er gesprochen hatte? Aber Ärzte durften doch über ihre Patienten gar nichts aussagen. *Stetige Besserung,* so hieß es damals in den Zeitungen während der Koma-Tage und auch danach, als der Präsident ihn täglich besuchte und mit ihm zusammen fotografiert wurde, als er noch ans Bett gefesselt war ... und es ging ihm ja auch tatsächlich weiterhin immer besser, wenn die Zeitungen sich herabließen, noch irgendwas über ihn zu bringen, was sie alle paar Wochen taten ... *sitzt aufrecht im Bett und erzählt Witze* ... klar, manchmal war ihm nach Witzen zumute, und dann wieder wußte er, er war verändert, fast ein anderer Mensch geworden, verändert wie sein Bauch, der sich jetzt wölbte, oder wie sein Gesicht, das ihm aufgedunsen und manchmal irgendwie verwischt vorkam. Minderquist hatte schon von Lobotomie gehört, er hatte den Verdacht, daß es das war, was diese Kugel mit seiner Schläfe getan hatte, aber als er den Chefarzt fragte und dann auch den Stationsarzt, da hatten es beide vehement bestritten. »Schwindler«, murmelte er und runzelte kurz die Stirn.

»Was –? Wie meinen Sie, Mr. Minderquist?«

»Nichts.« Er schüttelte den Kopf, als Fritz ihm einen Teller mit Canapés entgegenhielt.

»Setz dich ein Weilchen hin, Ken«, sagte Julia, die wieder zu ihm getreten war.

»Mach ich's recht?« flüsterte er.

»Tadellos«, flüsterte sie zurück. »Mach dir gar keine Sorgen. Es ist bald ausgestanden.« Sie ging wieder weiter.

»Köstliche Leberwurst, Kenneth. Hier, bitte.« Jetzt stand Florrie Lee neben ihm, hielt ihm einen Teller mit kleinen runden Leberwurst-Canapés hin.

»Danke, Ma'am.« Minderquist nahm eins und schob es sich in den Mund.

»Sie haben es gut gemacht, Ken«, sagte Florrie. »Und Sie sehen auch gut aus.«

Er spürte ihre Nähe, ihr Parfum, das eine Liebkosung andeutete, er wollte sie ergreifen und forttragen – irgendwohin. Impulsiv nahm er ihre freie Hand. »Kommen Sie raus in die Sonne«, sagte er und nickte zu der weit offenen Tür hin, die auf den Rasen und den Swimmingpool führte.

»Dürfen wir wohl Ihr Arbeitszimmer sehen, Mr. Minderquist? Vielleicht eine Aufnahme machen?«

Schert euch doch alle zum Teufel, dachte Minderquist, aber er sagte: »Selbstverständlich. Hübsches Zimmer. Hier lang geht's.« Er ging voran, ein kleines, aber echtes Lächeln auf dem Gesicht, weil Florrie ihm mutwillig zugeblinzelt hatte, als wüßte sie, wie ungern er ihre Hand losgelassen hatte. Er blickte sich um und sah, daß Florrie mitkam, zusammen mit Gott weiß wie vielen anderen.

Sein Arbeitszimmer oder Büro hatte Bücherwände; die

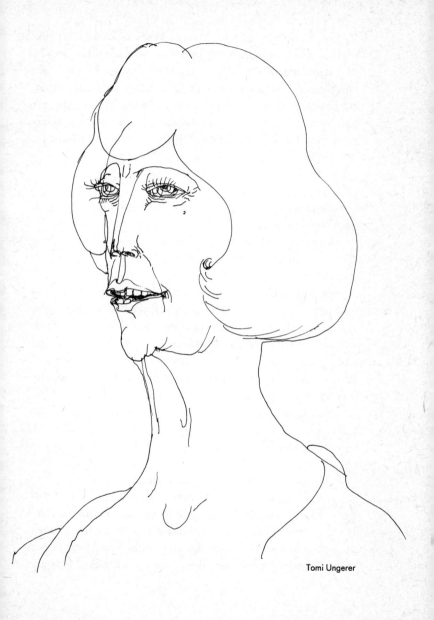

Tomi Ungerer

Bücher stammten alle aus seinem Haus in Kentucky, und der quadratische Raum sah jedenfalls sehr aufgeräumt aus. Auf dem neuen Schreibtisch lagen ein grüner Löscher, ein Brieföffner, eine Garnitur mit Federhalter und Bleistiften, ein brauner Lederordner (wozu der gut war?), ein schwerer gläserner Aschenbecher und keinerlei Papiere. Der Papierkorb war leer. Wunschgemäß lehnte sich Minderquist an den Schreibtisch, die Hände auf den Rand gestützt.

Blitz. Klick. Klick! Fertig.

»Vielen Dank, Ken!«

»Was sagen denn die Ärzte – wann können Sie zurück nach Washington, Ken?«

Minderquist behielt sein Lächeln. »Jaa – da fragt mal die Ärzte. Vielleicht nächste Woche. Ich wüßte nicht, warum nicht?«

Er verließ das Zimmer zusammen mit den anderen, erleichtert, weil es nach zwölf Uhr war, die Presseleute hatten sicher ihr Mittagessen im Sinn und würden gehen. Auch Minderquist dachte ans Mittagessen; er hatte vor, Florrie Lee irgendwohin zum Essen einzuladen. Fritz sollte sie hinfahren. Es gab hübsche Restaurants hier in der Gegend, alte Tavernen mit gemütlichen Nischen und Tischchen. Und dann? Ach, mit Florrie würde es bestimmt keine Schwierigkeiten geben.

»Bye, Mr. Minderquist, und vielen Dank!«

»Alles Gute, Sir!«

Draußen setzten sich Wagen in Bewegung.

Minderquists Blick begegnete noch einmal Florries Augen, als er sich am Buffet einen Whisky mit Eis einschenkte. Diesen einen Drink hatte er wohl verdient. Er trank einen kleinen Schluck und stellte das Glas dann hin. Florrie hatte wieder diesen einladenden Blick – sie mochte ihn. Er ging auf sie zu, wollte sich verneigen und ihr vorschlagen, daß sie irgendwo zusammen essen gingen.

Aber Florrie wandte sich schnell ab.

Minderquist ergriff ihre Hand. Mit einer drehenden Bewegung entwand sie ihm die Hand und ging auf die große offene Tür zu; Minderquist war hinter ihr. »Florrie –?«

»Ich kann –« Mehr war nicht zu verstehen.

Aber Florrie war ja nicht fort. Draußen im Sonnenschein leuchtete ihr helles Kleid und das Haar wie lauteres Gold, wie die Sonne selbst. Minderquist folgte ihr zum Swimmingpool und an den Beckenrand, den Penny vor kurzem entlanggelaufen war.

»Ken, aufhören!« rief Florrie. Sie lachte jetzt und trat hinter einen runden Tisch, den sie offensichtlich umkreisen wollte, wenn er noch näher kam.

Minderquist schoß los, links um den Tisch. »Florrie – nur zum Lunch! Ich –«

»Ken!«

War das die Stimme seiner Frau gewesen? Grinsend trottete und hastete Minderquist weiter, jagte Florrie die andere Seite des Pools entlang, die Längsseite. Florrie bog um die Ecke, die hohen zierlichen Absätze flogen, Minderquist sprang um die Ecke, schaffte sie nicht ganz. Sein Fuß stieß an den blaugekachelten Rand, und plötzlich fiel er seitwärts ins Wasser.

Das Dröhnen des Wassers in seinen Ohren schloß das kreischende Gelächter aus, das er noch sekundenlang gehört hatte. Er keuchte und schluckte Wasser, dann stieß er knapp mit dem Kopf an die Oberfläche. Vom Beckenrand streckten sich ihm Hände entgegen.

»Alles in Ordnung, Ken?«

»Prima Tauchgelegenheit, haha!«

Minderquist mühte sich ab, um den Beckenrand zu erreichen. Sie zogen ihn an den Armen, am Gürtel. Jemand brachte ein Badetuch. Und wo war Florrie? Auch als Minderquist sich die Augen getrocknet hatte, sah er sie nirgends, und nur sie war jetzt wichtig.

»Sie haben sich doch nicht verletzt, Mr. Minderquist?« fragte ein junger Mann.

»Nein, nein, um Himmelswillen. Was ist mit Florrie?«

»Ha-haa!«

Noch mehr Gelächter. Ein Mann krümmte sich sogar einen Augenblick.

»Wiedersehen, Mr. Minderquist! Wir gehen jetzt.«

Erhobenen Hauptes schritt Minderquist auf das Haus zu und trocknete sich den Nacken mit dem Badetuch. Er war noch immer ganz Gastgeber, und er wollte sehen, ob Florrie wohlauf war. Suchend blickte er in dem großen Wohnzimmer umher, das unheimlich leer war. In der Einfahrt fuhr ein Wagen ab. Minderquist glaubte, die Stimme seiner Frau aus der Richtung der Diele hinter dem Wohnzimmer zu hören.

»Das werden Sie *nicht*!« sagte Julia.

»Aber das ist – das kann doch ganz witzig werden«, sagte eine Männerstimme. »Und völlig harmlos!«

Minderquist erreichte die Schwelle des ehelichen Schlafzimmers. Die Tür war offen. Julia stand da mit einem Revolver in der Hand, es war der Revolver, der immer in der obersten Schublade links lag, und sie hielt ihn auf einen Mann gerichtet, der Minderquist den Rücken zukehrte.

»Lassen Sie das Ding auf den Fußboden fallen, oder ich schieße es in Stücke«, sagte Julia mit bebender Stimme.

Gehorsam zog der Mann einen Riemen über den Kopf und ließ seine Kamera auf den Teppich sinken.

»So – und jetzt 'raus«, sagte Julia.

»Ich möchte aber die Kamera wiederhaben. Ich gehöre zum Baltimore –«

»Was zum Teufel geht hier vor?« fragte Minderquist und trat ins Zimmer.

»Ich will die Bilder haben, das ist alles«, sagte Julia.

»Es sind nur Aufnahmen von Ihnen und Florrie am Pool, Sir«, sagte der junge Mann. »Überhaupt nichts Schlimmes – nur bißchen Action.«

»Mit Florrie? Die will *ich* haben«, sagte Minderquist.

Der junge Mann lächelte. »Ich verstehe, Sir. Na, Sie haben ja jetzt die Bilder und die Kamera noch dazu. Außer, wenn ich sie für Sie entwickeln soll.«

»Nein!« sagte Julia.

»Warum denn nicht? Geht vielleicht schneller«, sagte Minderquist.

»Leeren Sie die Kamera aus – jetzt.« Julia richtete den Revolver auf den jungen Mann.

In der Diele standen zwei Männer und gafften.

Der Fotograf spulte den Rest des Films auf, öffnete die Kamera und legte die Filmrolle auf die Kommode.

»Danke«, sagte Minderquist. Er steckte den Film in seine Jackentasche, merkte, daß die Tasche klitschnaß war, nahm den Film heraus und behielt ihn in der Hand.

»Wiedersehen, Mrs. Minderquist«, sagte einer der Männer in der Diele. »Und vielen Dank Ihnen beiden.«

»Wiedersehen. War nett, daß Sie gekommen sind«, sagte Julia freundlich, die Hände fest auf dem Rücken.

Der Fotograf hängte sich den Riemen wieder um den Hals. »Wiedersehen, und alles Gute, Mr. Minderquist!« Er stolperte leicht, als er durch die Tür hinausging.

»Gib den Film her, Ken«, sagte Julia ruhig.

»Nein, nein. Den will ich haben«, sagte Minderquist. Er wußte, seine Frau würde den Film, wenn sie konnte, vernichten, nur weil Florrie darauf war.

»Ich erschieß dich, wenn du ihn mir nicht gibst.« Sie richtete die Waffe auf ihn.

Minderquist drückte den Daumen auf das flache Ende der Filmrolle in seiner Hand. Er konnte schließlich selber Fotos von Florrie machen, vielleicht ein paar richtig gute, die er vergrößern lassen konnte. »Tu's doch«, sagte er.

Julia lehnte sich an die Kommode. Sie hielt jetzt die Waffe mit beiden Händen, als sei sie plötzlich schwer geworden. Dann legte sie sie zurück in die oberste Schublade.

Laurence Olivier

Der Prinz und die Tänzerin

*Erinnerungen an
Marylin Monroe und
Lee Strasberg*

Als erster erfuhr es wohl Cecil Tennant von Warners, daß Marilyn Monroes Firma, die von ihrem Standfotografen Milton Green geleitet wurde, starkes Interesse an einer Verfilmung des Stücks *The Sleeping Prince* habe und daß Marilyn es gerne sähe, wenn ich in diesem Film, in dem sie die weibliche Hauptrolle übernehmen wollte, Regie führte und ihn auch produzierte. Terence Rattigan, Cecil und ich flogen also zu unserem großen Termin nach New York. Wir suchten Marilyn in ihrer Wohnung am Sutton Place auf, um die Sache gebührend zu feiern.

Marilyns Persönlichkeit hatte zwei Seiten, die nichts miteinander zu tun hatten. Es wäre wohl nicht gänzlich falsch, sie als schizoid zu beschreiben; ihre zwei Seiten hätten verschiedenartiger nicht sein können. Wir waren schon ein wenig abgeschlafft, als sie uns endlich mit ihrer Anwesenheit beehrte; sie ließ uns nämlich eine volle Stunde lang warten. Wir hatten uns dank der Fürsorge Milton Greens inzwischen großzügig mit Drinks erfrischt. Schließlich trat ich mutig an ihre Tür und rief: »Marilyn, um Himmels willen, nun kommen Sie endlich zu uns, wir sterben ja schon vor lauter Ungeduld.« Da kam sie endlich. Binnen eines Augenblicks lagen wir ihr zu Füßen. Ich kann mich an kein einziges Wort des anschließenden Gesprächs erinnern, doch verlief alles so gesellig und angenehm, wie man es sich nur denken kann.

Der Abend ging seinem Ende entgegen. Wir machten uns gegenseitig Komplimente und wollten schon aufbrechen, als Marilyn mit ganz kleiner Stimme, wie sie es manchmal auf höchst effektvolle Weise zu tun vermochte, leise zirpte: »Moment mal. Sollte nicht irgendwer etwas über einen Vertrag ausmachen?« Verdammt, das Mädchen hatte recht. Wir verabredeten uns für den nächsten Morgen zu einem rein geschäftlichen Treffen, und anschließend sollte ich sie im Club 21 zum Mittagessen ausführen. Bei Tagesende war mir eines klar: Ich würde mich wahnsinnig in Marilyn verlieben. Und was dann? Es gab gar keinen Zweifel. Es war unvermeidlich. Jedenfalls schien es mir so. Sie war so bewundernswert, so geistreich, so unglaublich lustig und physisch reizvoller als jede andere Frau, an die ich denken konnte – ausgenommen ihr Ebenbild auf der Leinwand. Ich ging heim wie ein Lamm, dessen Schlachtung für dies eine Mal noch aufgeschoben war, beim nächsten Mal jedoch . . . Du meine Güte! Zum erstenmal in meinem Leben drohte sich alles ins Gegenteil zu verkehren – »arme Vivien!« (Fast zwanzig Jahre früher hatte es geheißen: »Arme Jill.«)

Vivien hatte es genaugenommen sehr friedlich hingenommen, daß sie für die Rolle, die sie eigentlich geschaffen hatte, jetzt übergangen wurde. Wenn man weiß, daß ich ihr die Nachricht ziemlich grausam beigebracht hatte, war es um so erstaunlicher. Es war schließlich *ihre* Rolle, auch wenn sie wußte, daß sie in ihr bei unserer Inszenierung im Phoenix Theatre keinen sensationellen Erfolg geerntet hatte, und daß der irrwitzige Ruhm, der Marilyn zuteil geworden war, ihr unerreichbar war. Dennoch, so etwas akzeptiert man nie leichterdinge, doch Vivien verhielt sich wohltuend verständnisvoll und zuckte nur grandios mit den Schultern. Ich war dankbar und erleichtert, daß ich aus dieser Ecke nichts zu befürchten hatte.

Der Tag der großen Dame rückte heran, und unter den illustren Fittichen ihres neuen Mannes, des ebenso geachteten wie beliebten Dramatikers Arthur Miller, wurde Marilyn auf den gebenedeiten Boden der Wirklichkeit herabgelassen. Die Arbeit konnte beginnen. Ich hatte alles so arrangiert, daß wir für die Probearbeiten gut zwei Wochen Zeit hatten, bis die Kameras zu surren begannen – damit zwischen uns alles Fremde, Unvertraute verschwinden würde und wir miteinander wie alte Bekannte umgehen lernten. Nach so vielen Jahren in diesem Beruf hätte ich es kaum für möglich gehalten, daß wir das nicht hinkriegen könnten – doch weiß Gott, es ließ sich nicht machen.

Die ersten zwei Tage reservierten wir für Pressekonferenzen. Am Vorabend – da war ich über diesen Punkt beunruhigt – hatte ich abschließend betont, daß Marilyns berüchtigte Unpünktlichkeit nur ein wenig jene strikte professionelle Disziplin verschleiere, die mir angesichts der schauspielerischen Technik unbestreitbar schien und mit Hilfe derer sie den Eindruck einer umwerfenden Spontaneität zu wecken vermochte. Das warf eine Fülle von Fragezeichen hinsichtlich der noch unbekannten Komplexitäten ihres Make-ups auf. Auf der riesigen Pressekonferenz in New York hatte sie sich recht gut geschlagen – sie hatte eine Geste gemacht, und dabei war der Schulterriemen ihres Kleids gerissen, was jedermann als tollen Gag empfunden hatte. Jetzt bat ich sie: »Marilyn«, sagte ich, »bitte, bitte, morgen dürfen wir nicht zu spät kommen. Das *darf* einfach nicht passieren. Es würde sehr unfreundlich aufgenommen, und da die Hälfte der Journalisten sowieso damit rechnet, tu mir bitte den Gefallen und enttäusche sie in diesem einen Punkt. *Bitte.*«

Sie versprach es und kam eine ganze Stunde zu spät. So verlegen und nervös bin ich, wie ich glaube, in meinem ganzen Leben nicht gewesen. Ich füllte die Zeit, so gut ich konnte, indem ich auf persönliche Fragen zur eigenen Person antwortete. Meine ablehnende Haltung gegenüber Interviews war wohlbekannt; dies eine Mal hatten die Journalisten mich also genau da, wo sie mich immer haben wollten. Allerdings begann das Interesse schon ein wenig abzuflauen, als Marilyn endlich eintraf. Während der ersten zwanzig Minuten begann jeder Journalist mit dem Satz: »Warum kommen Sie so spät?« Es war bewunderungswürdig, mit welch großem Charme sie diese schwierige Situation meisterte, und im Nu hatte sie die dichtgedrängten Menschen in dem Riesensaal so weit, daß sie ihr alle zahm aus der Hand fraßen. Um ihr zu helfen, hatte ich spontan erklärt, daß ich mir erlauben würde, alle Fragen noch einmal laut zu wiederholen, weil viele Fragen sonst nicht im ganzen Saal verstanden worden wären. Auf diese Weise ließen sich übrigens auch die Antworten besser verstehen (und Marilyn gewann obendrein einige Sekunden länger Zeit, über jede Frage nachzudenken).

Sie führte stets genau aus, was ein Fotograf von ihr verlangte. Anfangs bewunderte ich solche Demonstration von Selbstdisziplin und meinte, das sei ein gutes Vorzeichen für unsere bevorstehende Zusammenarbeit. Wenige Wochen später hätte ich schon anders reagiert, nämlich mit der Erklärung: »Aber klar – sie ist doch früher Fotomodell gewesen.« Ich meinte folgendes: Wo immer sie sich dieses besondere Training angeeignet hat, hat sie an Schauspielkunst mehr gelernt als von Lee Strasberg. Sein Schauspielunterricht hat meiner Ansicht nach den Schülern mehr geschadet als genützt; sein Einfluß auf das amerikanische Theater war insgesamt negativ. Seine bewußt gegen alles Handwerkliche gerichtete Methode insistierte einzig und allein auf »Authentizität« und »Realität«, und falls man sich nicht genau mit den richtigen Vorstellungen in Übereinstimmung fühlte, die einen überzeugten, daß es nur so und nicht anders ging und das auch tatsächlich objektiv zutraf, so konnte man die Szene genausogut vergessen. Unsere jungen amerikanischen Schauspieler zeigten eine peinliche Lükke, wo es eine Ausbildung oder eine Grundlage hätte geben müssen, von der sie hätten ausgehen können. In den zehn Jahren seit Ende des Zweiten Weltkrieges hatte es in Amerika ein Lernen durch Repertoires kaum gegeben. Stanislawski, auf dessen Anschauungen Strasbergs Schauspielschule sich gründete, war im England der 20er Jahre, während meiner Jahre beim Tourneetheater, die große Mode gewesen. Was er bot, war ein Geschenk, das damals nützlich war; beherrschend durfte es nicht werden.

Ich habe Strasbergs Studio zweimal im Frühjahr 1948 aufgesucht, als wir das Stück *Der Entertainer* in New York aufführten. Auf beiden Besuchen wuchsen seine Stellungnahmen sich zu Predigten aus, die, völlig aus dem Stegreif, einem Erguß unüberlegter Sprüche gleichkamen, die er wahrscheinlich nie zuvor bedacht und ausformuliert hatte – als Information waren sie deshalb auf gefährliche Weise unzuverlässig. Aber er kam in Fahrt und schwebte hoch in den

Wolken seiner eigenen Anschauungen. Er war ganz der Erweckungsprediger des reinsten Naturalismus.

Er hielt einem jungen Mann, der nach meinem Empfinden ein natürliches Talent besaß, eine über Gebühr scharfe Standpauke, und zum Schluß der Sitzung gab ich Strasberg das auch zu verstehen. Er, der offensichtlich nur Schmeicheleien und Lob gewöhnt war, winkte ab, als sei ich ein Dummkopf, und bemerkte nur: »Oh, nein, nein, nein, nein, er hat große Probleme.« Etwas vorsichtiger wies ich darauf hin, daß es kaum hilfreich sein dürfte, wenn er dem Jungen auch noch das Selbstvertrauen raubte. »Oh, nein, nein, nein.«

Unmittelbar vor Beginn der Dreharbeiten wurde mir mitgeteilt, daß Lee Strasbergs Frau Paula »Marilyn immer begleitet«. Das beunruhigte mich nicht wenig, da ich derartige Privatlehrer selten nützlich gefunden hatte. Stoisch klammerte ich mich an die Hoffnung: »Na schön, vielleicht bringt sie die bessere Hälfte von Marilyn zum Vorschein.« Marilyn war Probenarbeit nicht gewohnt und konnte Proben offenkundig nicht ausstehen. Sie zeigte das schon durch ihre äußere Aufmachung – das Haar blieb unter einem Schal versteckt, die Haut, ohne Make-up, war unansehnlich, sie trug eine sehr dunkle Sonnenbrille und gab sich auffallend schlaff, mit einer Mattheit, die ich trotz aller Anstrengungen nicht auffrischen konnte. Ich hoffte zu Gott, daß für mich das Wunder geschähe, wie es meines Wissens einem halben Dutzend Kollegen an der amerikanischen Westküste widerfahren war. Es gelang mir, zwei von ihnen zu erreichen. Billy Wilder (der übrigens einmal bemerkte, mit Marilyn zu arbeiten sei gewesen, als ob man mit Hitler kooperieren müßte) und Josh Logan, die es ja hinter sich hatten, bekun-

Das frisch verheiratete Ehepaar Miller wird 1956 von Laurence Olivier und seiner Frau Vivien Leigh in London empfangen

deten fröhlich ihr Mitleid mit mir und sagten, klar, es sei die Hölle, aber ich würde eine angenehme Überraschung erleben, wenn erst einmal alles vorbei sei. Als Paula eintraf, sagte ich die Proben für zwei Tage ab, um mit *ihr* zusammen Marilyns Rolle immer und immer wieder durchzusprechen, damit sie Marilyn instruieren könnte. Stolz war ein Luxus, den ich mir nicht leisten durfte. Paula schien bereit, sich auf alles einzulassen, bis hin zu den minutiösen Punkten des Timing sowie allen Nuancierungen und Betonungen, deren sie Marilyn fähig glaubte – »um ihr dann das Gefühl zu vermitteln, daß sie selbst darauf gekommen ist, verstehen Sie?«

Die Wahrheit kam erschreckend bald ans Licht. Paula verstand rein gar nichts. Sie war keine Schauspielerin, keine Regisseurin, keine Lehrerin, keine Ratgeberin – außer in Marilyns Augen, denn sie hatte ein Talent: Sie verstand Marilyn zu schmeicheln. Während der Autofahrt habe ich Paulas Methode einmal miterlebt: Die beiden saßen hinter mir im Fond des Wagens, und ich wollte meinen Ohren nicht trauen. »Meine Liebe, Sie müssen Ihr eigenes Potential erkennen. Sie haben noch immer keine Ahnung von der Bedeutung Ihrer Position in der Welt. Sie sind das größte Sexsymbol seit Menschengedenken. Das weiß jeder, jeder respektiert das, und Sie selbst sollten das auch akzeptieren, es ist Ihre Pflicht sich selbst und der Welt gegenüber. Es wäre undankbar, wenn Sie es nicht täten. Sie sind die größte Frau Ihrer Zeit, das bedeutendste menschliche Wesen Ihrer Zeit, ja aller Zeiten. Können Sie sich jemand vorstellen, der größer wäre als Sie – nein, nicht einmal Jesus: Sie sind populärer.« So unglaublich es klingen mag, das ist keine Übertreibung. Eine ganze Stunde lang ging das ohne Unterbrechung weiter, und Marilyn akzeptierte jedes Wort.

Darin bestand Paulas einzigartiger Beitrag zur Kunst des Schauspiels, oder besser, zum Erfolg der Monroeschen Karriere, aus der die Strasbergs nur Kapital schlagen sollten. Und eben damit, so erkannte ich mit wachsender Unruhe, mußte ich zurechtkommen.

Trotzdem – ich weigerte mich, Marilyn als Sonderfall zu behandeln. Dafür war ich zu stolz auf mein Handwerk, auf meinen Beruf. Ich behandelte sie stets als erwachsene, verdienstvolle Künstlerin, was sie in gewisser Weise ja auch tatsächlich war. Sie verhielt sich mir gegenüber zunehmend grober und unverschämter. Wann immer ich mich geduldig bemühte, ihr zum Text, zur Regie oder zum richtigen Timing etwas klarzumachen, hörte sie mit kaum verhohlener Ungeduld zu, und wenn ich ausgesprochen hatte, pflegte sie sich zu Paula umzudrehen und wollte gereizt wissen: »Was meint er?« Schon bald nach Beginn der Dreharbeiten wurde ich auf eine Weise gedemütigt, wie ich nie für möglich gehalten hatte.

Es gab einen einzigen Augenblick, der alles erträglicher machte. Während der Krönungsfolge gab es im Drehbuch keinen Dialog – von dem einmal abgesehen, was hinterher auf die Spule der Toneffekte überspielt wurde. Deshalb war es auch nicht erforderlich, vor jeder Aufnahme lange Erklärungen abzugeben. Ich konnte es riskieren, neben der Kamera zu stehen und während der Aufnahmen Anweisungen zu geben – Anweisungen, die Marilyn zu meiner immensen Erleichterung lammfromm annahm. »Mach einen leichten Knicks, wenn der König vorbeischreitet. Paß auf – genau in dem Moment, wenn Dickie Wattis sich neben dir verbeugt. Ich sag dir, wenn du dich wieder aufrichten sollst. Jetzt versuch emporzublicken, nach rechts, dorthin, wo der Altar steht. Jetzt erwidere den fragenden Blick von Dickie. Er wird dir ein Gebetbuch reichen, es wird genau auf der richtigen Seite aufgeschlagen sein, damit du folgen kannst. Jetzt blick hoch und versuch, in Richtung des Altars den Regenten zu entdecken, such ihn – natürlich wird er nicht zu dir zurückschauen. Genau so ist's richtig, tu ein bißchen enttäuscht. Lies ein wenig im Gebetbuch, laß dich von der Musik rühren.« Uns stand ein riesiges Arsenal von Schallplatten zur Verfügung, aber sie wollte nichts außer der Londonderry Air hören, die ich deshalb den ganzen Tag über plärren lassen mußte, bis die Techniker fast verrückt wurden. »So! Jetzt fängt sich dein Blick dort oben im Kirchenfenster. Es ist das schönste Bild, das du dir denken kannst. Laß dir ein paar Tränen in die Augen schießen, Marilyn...«

Wie verzaubert führte sie auf die gewissenhafteste Weise sofort jede Anweisung gehorsam aus, und zwar – noch wichtiger – absolut perfekt. Ich hatte noch einmal Anlaß, diesmal mit Dankbarkeit, darüber nachzudenken. »Aber natürlich, sie ist ja früher Fotomodell gewesen.«

Ich hatte während der Dreharbeiten das Gelände abgeschottet und ließ niemand ein, der nicht persönlich und unmittelbar etwas mit dem Film zu tun hatte, niemand, der auch nur mit einem Angehörigen eines Journalisten verwandt war, womit ich mir – leider muß es gesagt sein – viele Mitglieder dieses Berufsstandes zu Feinden machte, die ich zu meinen Freunden gezählt hatte. Doch die Presse der ganzen Welt schrie Zeter und Mordio, um zugelassen zu werden, und das Studiogelände hätte sich in ein Chaos verwandelt. Abgesehen von solchen praktischen Gründen hatte ich auch noch allgemeine Überlegungen angestellt.

Es war nicht verborgen geblieben, daß Fürstin Grace (Kelly) wenige Wochen nach ihrer Hochzeit mit Fürst Rainier in einer Verfilmung von Molnars *Der Schwan* präsentiert wurde. Es hätte keinen Grund geben können, warum dieser Film nicht ein fantastischer Kassenschlager werden sollte – außer man zieht in Betracht, daß der ganze Märchenflimmer, der die Heirat von Rainier und Grace Kelly monatelang umrankt hatte, dazu führte, daß ihr Film mit irgendeiner kleinen Anekdote in fast jeder Zeitung auftauchte, die es überhaupt zu kaufen gab. Ich glaube, die Öffentlichkeit hatte den Namen von Grace Kelly einfach satt, trotz ihres schönen Gesichts und, so leid es mir tut, trotz ihrer außergewöhnlichen Lebensgeschichte – die Übersättigung des Interesses erfaßte eine ganze Weile alles, was mit ihr und ihrem Namen zu tun hatte.

Ich zog daraus die Moral, bei Marilyns Publizität ein wenig aufzupassen. Wenn ein Erfolg Grenzen haben kann, so gilt das auch für die Publizität, die, wie es heißt, den Erfolg begründet. Aus diesen Überlegungen hielt ich es für klüger, eher leise zu treten. Doch trotz aller Vorsichtsmaßnahmen gab es Unmengen von Indiskretionen, die sämtlich mit der unglücklichen Atmosphäre im Studio zu tun hatten und in wahnwitzig übertriebenen Berichten über entsetzliche Zänkereien zwischen uns resultierten. Wenn unseren Journalisten nichts Anständiges geboten wird, hat es ihnen noch nie an Erfindungskraft gemangelt.

Während der letzten Aufnahmetage war mir ein kleinlicher Triumph bei jener Szene vergönnt, in der der Prinz zum erstenmal hinter der Bühne an einer Reihe der Tänzerinnen vorbeischreitet. Marilyns Achselträger sollten, so war es in der Regie vorgesehen, bei ihrem ersten Knicks reißen – ganz in Erinnerung an unsere erste New Yorker Pressekonferenz. Das verlief auch ganz nach Plan, doch Marilyn setzte es sich in den Kopf, daß dabei ihr Busen entblößt worden sei. »Nein, Marilyn«, beruhigte ich sie. »Aber gewiß nicht«, und ich rief die Jungen, die am Geländer standen, dafür als Zeugen an. Von dort kam es zurück: »Die behaupten, sie hätten nicht auf Miß Monroe geachtet, sie hätten Sir Laurence zugeschaut.« Da ich wußte, wie intensiv ihre abschätzende Neugier während der ersten Drehtage gewesen war, bedeutete mir der völlige Mangel eines Interesses an Marilyn irgendwie eine Lehre.

Das letzte Wort zum Thema Marilyn sei Cecil Tennants Frau Irina Baranova überlassen, die aus dem Dunkel der Dekorationen alles mit ihrer typisch russischen Intuition beobachtet hatte:

»Sie hat eine völlig unbewußte, aber tiefe Aversion gegen das Schauspielern. Sie liebt es, sich selbst zur Schau zu stellen, ein Star zu sein. Sie liebt alles, was mit Erfolg zusammenhängt. Doch Schauspielerin zu sein – das ist etwas, was sie überhaupt nicht will. Es war falsch zu versuchen, sie zu einer Schauspielerin zu machen. Ihr Witz, ihr himmlischer Charme, ihr Sexappeal, ihre bezaubernde Persönlichkeit – das ist einfach ein natürlicher Teil von *ihr* und hat nicht unbedingt etwas mit irgendeiner Kunst oder irgendeinem Talent zu tun.«

Nach Beendigung der Aufnahmen war ich auf unbeschreibliche Weise unruhig. Als Produzent war ich mit dem Streifen völlig zufrieden, der den Titel *Der Prinz und die Tänzerin* tragen sollte. Auch als Schauspieler schämte ich mich meiner eigenen Darbietung keineswegs, ich war sogar stolz. Doch als Regisseur wünschte ich mir, mehr aus Marilyn herausgeholt zu haben. Anderen Regisseuren war es gelungen, und es lag mit schwer auf dem Gewissen, daß ich es nicht geschafft hatte. Ich begann mir einzugestehen, daß mir kein höherer Grad der Vollkommenheit gelungen war, weil ich die Auseinandersetzungen gescheut hatte, die es bei härterer Arbeit mit ihr höchstwahrscheinlich gegeben hätte. Ich lud Marilyn ein, sich den gedrehten Film einmal in Anwesenheit ihres Mannes Arthur Miller anzusehen – ob sie danach beide zu mir kommen und mit mir sprechen könnten? Sie stimmten zu, und ich sprach ganz offen und ehrlich mit ihnen. Falls sie und Arthur vollauf mit dem Film zufrieden sein sollten, so wollte ich nur allzugern alles so lassen, wie es war. Beide gaben zu, daß der Film verbessert werden könnte, nur – er sei abgeschlossen, was bliebe da noch zu tun? Ich erwiderte, sofern Marilyn das Ihre dazu beitragen würde, die Atmosphäre zwischen uns zu verbessern, sich zu absoluter Pünktlichkeit zu erziehen, mein Diktum zu akzeptieren, wenn ich etwas als perfekt befinde, statt auf endlosen Neuaufnahmen zu bestehen, so wäre ich willens, bestimmte Szenen zu wiederholen. Ich garantierte, solche Arbeit auf zwei Tage zu beschränken, unter keinen Umständen wäre ich danach jedoch zu weiterer Hilfe Marilyn gegenüber bereit. Dies eine Mal hatte ich mein Gegenüber am Wickel. Sie wußten beide genau, daß sie mir beipflichten mußten.

Gleich am nächsten Morgen sank mir der Mut, und *das* Gefühl hatte ich inzwischen einfach satt. Wir hatten die ganze Zeit gebraucht, um in die Szene unserer ersten Begegnung eine elektrisierende Atmosphäre einzubringen. Eine solche Skala von Ausdruck, Beispielen, Vergleichen, Bildern hatte ich noch nie zuvor heraufbeschworen, um den zündenden Funken zu wecken, der nötig war, um dem Film, an den so hohe Erwartungen gestellt wurden, einen lebendigen Anfang zu sichern. Marilyn wandte sich, es war wohl nicht anders zu erwarten gewesen, an Paula, und Paula meinte: »Süße, denk doch nur an Coca-Cola und an Frank

Sinatra.« Ich nehme an, das entsprach der Methode und dem Niveau in Strasbergs Schauspielstudio. Gott im Himmel! Nun sag bloß, die hatten recht und ich hätte die ganze Sache von vornherein falsch angefaßt! Ich brauche gar nicht erst auszuführen, daß daraufhin alles klappte. Ich hätte mich umbringen können.

Der große Tag des Abschieds dämmerte.

Wir waren übereingekommen, daß, ganz unabhängig von den Empfindungen, die wir füreinander hegen mochten, auf dem Flughafen eine große Show inszeniert werden mußte. Unsere Kamerateams gaben sich alle erdenkliche Mühe, genau die richtigen Aufnahmen von eben den Umarmungen zu machen, welche den absolut angemessenen Grad von Leidenschaft zwischen großen Liebenden der Weltgeschichte ausdrückten: vom Abschiedskuß zwischen Marilyn, mir und Arthur – doch niemand ließ sich hinters Licht führen. Die Presse nannte das alles ein groteskes Theater. Glaubten wir wirklich, irgendwen täuschen zu können?

Auf der Heimreise dachte ich an die Aufregung, die die Ankündigung von unserer damals bevorstehenden Zusammenarbeit ausgelöst hatte; ich dachte an Josh Logan, der sie als »die aufregendste Kombination seit der Erfindung des Gegensatzes von Schwarz und Weiß« bezeichnet hatte. Ich dachte an unsere erste Begegnung zurück, an meine Angst, ich könnte mich in sie verlieben. Wenige Wochen später mußte ich den Atlantik erneut überqueren, um Jack Warner den Film vorzuführen.

Milton Green schnappte mich und meinte: »Wie wär's mit Standfotos morgen, he?«

»Nur von mir allein?«

»Aber nein. Mit Marilyn zusammen natürlich.«

»Oh, nein, Milton. *Nein nein, nein.* Mit der Dame wirst du mich nie wieder zusammensehen.«

»Ach, verdammt. Morgen wird sie ganz anders sein, weißt du. Du wirst sie nicht wiedererkennen. Sie wird so wunderbar sein wie früher. Außerdem – wir sind doch dran interessiert, daß der Film viel Geld einspielt, oder? Wir haben uns ja bisher überhaupt nicht um die Öffentlichkeitsarbeit gekümmert.«

Er hatte ja völlig recht. Er sorgte für Brot mit Kaviar, für alle möglichen Getränke, für die sinnlichste Musik. Er wußte, was zu tun war. Vor allem hatte er es verstanden, daß Marilyn ihre Unterschrift gegeben und mit ihm zusammen eine eigene Firma gegründet hatte – aus rein geschäftlichen Gründen. Er war mit einer ungewöhnlich attraktiven und klugen Frau verheiratet.

Vor etwa zwei Jahren führten zwei oder drei meiner Freunde nach einem Abendessen zum Spaß mit ihrem privaten Projektionsapparat diesen 25 Jahre alten Film vor. Ich war ein wenig verlegen, da ich nicht wußte, wann der Scherz in Langeweile umschlagen würde. Aber der Film wurde bis zum Ende gezeigt – zu meiner eigenen Überraschung. Zum Schluß waren alle des Lobes voll. Daß ein solch zauberhaftes Kunstwerk einmal lau hatte aufgenommen werden können, schien unverständlich. Es hätte gar nicht besser sein können. Und Marilyn war herrlich. Sie war die beste von allen. Da sieht man.

Was verstehen wir schon von solchen Dingen?

Harold Adamson und
Hoagy Carmichael
When Love Goes Wrong

*Ein Lied
von Marilyn Monroe
gesungen*

When love goes wrong
Nothin' goes right
This one thing I know
When love goes wrong
A man takes flight
And women get up-a-dee-oh
The sun don't beam
The moon don't shine
The tide don't even flow
A clock won't strike
A match won't light
When love goes wrong
Nothin' goes right
The blues all gather round you
And day is dark as night
A man – if fit
To live with –
And the woman's a sorry sight
When love goes wrong
Nothin' goes right
If bees don't buzz
Fish don't bite

Clocks won't strike
A match won't light
When love goes wrong
Nothin' goes right
A woman's a fright, a terrible sight
A man goes tight, gets high as a kite
'cause love is something he just can't fight
When love goes wrong
Nothin', nothin' goes right
It's like we said
You're better off dead
When love has lost its glow
So take this down
In black and white
When love goes wrong
Nothin' goes right

Das süße Leben der Marilyn Monroe

Ein Bilderbogen

Marilyn Monroe, Los Angeles 1962

Marilyn Monroe, New York 1956

*Marilyn Monroe mit Billy Wilder bei den Dreharbeiten
zu* Das verflixte siebente Jahr, *1954*

Marilyn und Arthur Miller bei der Premiere von Der Prinz
und die Tänzerin *am 13. Juni 1957 in New York*

*Marilyn Monroe und
Marlene Dietrich,
1955 in Hollywood*

Mit Truman Capote, 1955

Mit Lauren Bacall, 1953

*Mit Humphrey Bogart
bei der Premiere von
Wie angle ich mir einen
Millionär,
November 1953*

Marilyn Monroe, Los Angeles 1962

Nicoletta Sipos
»Ich habe die Frau gegessen, die ich anbetete.«

Ich schäme mich meiner Tat nicht und fühle keine Reue. Ich habe Renée Hartevelt von ganzem Herzen geliebt. Ich betete sie so sehr an, daß ich ihr Fleisch, als ich sie umgebracht hatte, ohne einen Augenblick zu zögern aß. In meinen Gefühlen war nichts Böses oder Niederträchtiges. Ich bin ganz einfach zum ersten Mal in meinem Leben einem geheimnisvollen Impuls gefolgt, den ich schon seit meiner Kindheit verspürte, aber immer unterdrückt hatte. Es war wie ein alter, heidnischer Ritus, der mich mit Glückseligkeit erfüllt hat. Ich würde mich nicht scheuen, ihn zu wiederholen, wenn ich jemals wieder frei sein werde.«

Dies hat der fünfunddreißigjährige Japaner Issei Sagawa, der am 11. Juni 1981 in Paris die holländische Studentin Renée Hartevelt ermordete und sich dann aus dem Fleisch seines Opfers ein grausiges Festmahl bereitete, immer wieder erklärt. Es könnte sich sogar um eine tragische Prophezeiung handeln, denn Issei Sagawa befindet sich nicht mehr in der psychiatrischen Anstalt von Villejuif, in die ihn die Richter fünf Monate nach dem Verbrechen einsperren ließen. Er ist an Japan ausgeliefert worden. Und in Tokio hält man es bereits für möglich, daß er noch vor Ende 1984 wieder frei sein wird.

Die Familie des Mädchens, das von dem Mann, der behauptet, es »von ganzem Herzen geliebt« zu haben, brutal ermordet wurde, hat die Nachricht von der Überführung Sagawas nach Tokio mit Bestürzung aufgenommen. »Die französische Justiz hat einen unverzeihlichen Fehler begangen. Sagawa ist ein äußerst gefährliches Individuum, ein Ungeheuer, das nur darauf wartet, wieder zuzuschlagen. Er wird andere junge Frauen finden, die genauso arglos sind wie meine Schwester. Renée vertraute ihm und hatte ihn gern. Kurz vor ihrem Tod hat sie uns noch einen Brief geschrieben, in dem sie voller Begeisterung von ihrem japanischen Freund erzählte. Sie beschrieb ihn als einen intelligenten, gebildeten, schüchternen und ruhigen Menschen.« Soweit Renées Stiefbruder Jan.

Wie aber sind die Dinge zwischen Paris und Tokio gelaufen? Bernard Defer und Alain Diederichs, die beiden Psychiater, die sich als Sachverständige des Pariser

Gerichts mit ihm befaßt haben, waren von Anfang an der Ansicht, der Mörder und Kannibale sei zum Zeitpunkt der Tat unzurechnungsfähig gewesen und könne daher nicht vor Gericht gestellt werden. So waren den Richtern die Hände gebunden. Als dann das Kassationsgericht am 30. März 1984 die These der Sachverständigen bestätigte, konnte sich die Präfektur in Paris dem Auslieferungsgesuch, das von Akira Sagawa, Isseis einflußreichem und sehr vermögenden Vater, gestellt worden war, nicht länger widersetzen.

Also landete Sagawa Jr., beleitet von einem Arzt und einem französischen Polizeibeamten, am 22. Mai in Tokio. Scharen aufgeregter Photographen erwarteten ihn. Mit der Figur eines unterentwickelten Kindes (er ist nur 1.40 groß und wiegt 40 Kilo), dem etwas zu groß geratenen Kopf und der widerspenstigen Strähne in der Stirn sah Issei nicht wie ein Monster, sondern eher wie der traurige Bruder von E. T. aus.

Keiner der anwesenden Journalisten bekam Gelegenheit, ihm Fragen zu stellen. Die Polizei ergriff ihn und schob ihn sofort in einen Zellenwagen, der mit unbekanntem Ziel abfuhr. Der Mann, der den Schriftsteller Juro Kara zu einem Millionen-Bestseller inspirierte, der Kannibale, der sich mit einer wütenden Autobiographie verteidigt hat, die eine Auflage von dreihunderttausend Exemplaren erreichte, der Mörder, dem der Regisseur Nagisa Oshima einen Film widmen will, ist mit einer Diskretion heimgekehrt, die zu seiner Art schlecht passen will. Ein Polizeisprecher beschränkt sich auf eine einzige Äußerung: »Gegen Herrn Sagawa wird so bald wie möglich ein ordentliches Verfahren eröffnet. Die Urteile ausländischer Gerichte und die im Ausland erstellten psychiatrischen Gutachten sind für das Recht unseres Landes bedeutungslos. Es ist schon vorgekommen, daß Japaner, die im Ausland zu zehn oder zwanzig Jahren Gefängnis verurteilt wurden, später von japanischen Richtern freigesprochen worden sind...«

Doch kehren wir zu ihrem Anfang zurück, zu jenem 11. Juni 1981, an dem der junge, in die europäische Kultur und die deutsche Dichtung verliebte Japaner die ahnungslose Renée in seine Wohnung einlud und sie bat, ein paar besonders schwierige Texte für ihn zu übersetzen. Es war nicht das erste Mal, daß der Mörder und sein Opfer zusammenarbeiteten.

»Ich hatte Renée schon oft eingeladen«, schreibt Issei in seiner Autobiographie, »und war auch schon bei ihr zu Hause gewesen. Ich unterhielt mich gerne mit ihr und wollte näher mit ihr bekannt werden. Ohne schon einen klaren Plan gefaßt zu haben, stellte ich mir dabei vor, wie schön es wäre, meine Zähne in ihr weißes, duftendes

Fleisch zu schlagen. Dieser Gedanke hatte mich schon seit sehr langer Zeit gequält. Ich war noch keine neun, als ich während einer Unterrichtsstunde, in der die Menschenfresser behandelt wurden, meine Lehrerin fragte: Warum ist es denn verboten, Menschenfleisch zu essen? Die Ärmste wurde ganz bleich und hatte nicht den Mut, mir eine Antwort zu geben. Ich begann also, der Sache auf eigene Faust auf den Grund zu gehen. Ich las alles über Kannibalismus, was ich in den Büchern meines Vaters finden konnte, und dann machte ich mich auf die Suche nach neuem Lesestoff. Mit elf wußte ich so gut wie alles, und mit fünfzehn hatte ich den Gegenstand erschöpfend vertieft, indem ich meine Kenntnisse um die alten Azteken, die Kreter, die Eingeborenen Amazoniens und um die ›Teufelsküche‹ ergänzte, die sich die australischen Ureinwohner bei Cooktown, ganz im Norden ihrer Insel, eingerichtet hatten, um ungestört chinesische Goldsucher verspeisen zu können, die als ausgesprochene Leckerbissen galten. So lernte ich, daß die Azteken Menschenfleisch aßen, um die Ordnung ihrer Welt zu sichern, und träumte von den Festen der Kreter, die junge Männer zusammen mit Schnecken in Tongefäßen garten. Später bereicherte ich mein Wissen, indem ich die Menschenfleisch-Gelage rekonstruierte, die in den Palästen von Idi Amin und Bokassa mit einiger Regelmäßigkeit abgehalten wurden. Und dann brachte ich auch in Erfahrung, daß der Kasai-König Albert einen seiner Minister verschlungen hatte.

Meine Phantasie ging mit mir durch. An diesem Punkt beschloß ich, daß auch ich Fleisch von meinesgleichen probieren mußte. Als Grenze setzte ich mir meinen dreißigsten Geburtstag, und ich nahm mir vor, für dieses Experiment den Leib einer jungen, blonden, schönen und nach Möglichkeit europäischen Frau zu benutzen. Gelbes Fleisch interessierte mich überhaupt nicht.«

Bei einer Probe mit einer japanischen Prostituierten nahm Isseis Tatplan Gestalt an. »Ich setzte ihr ein Messer an die Kehle und tat, als wolle ich sie ihr durchtrennen«, erzählte er den französischen Richtern. »Dann ließ ich sie dasselbe mit mir tun, damit sie keinen Verdacht schöpfte. Aber diese Frau interessierte mich in keiner Weise. Es war nur ein Spiel, nichts weiter, ein erster Schritt ins Unvermeidliche.«

Das Unvermeidliche geschah am 11. Juni 1981 um vier Uhr nachmittags, als Issei Sagawa in seiner luxuriösen Mansardenwohnung in der Pariser Rue Erlanger seinem Wahn freien Lauf ließ. Den Richtern, die ihn vernahmen, erklärte er: »Ich liebte Renée, aber sie liebte mich nicht. Sie trank meinen Tee, aß die japanischen Gerichte, die ich für sie kochte, aber einen Kuß hat sie mir nie geben wollen. Ich hoffte, sie doch noch umstimmen zu können, und lud sie immer wieder ein. Und mit jeder Begegnung verspürte ich größeres Verlangen, meine Zähne in ihr Fleisch zu graben.« In seiner Autobiographie ist Sagawa noch genauer: »Das ganze ist schrittweise geschehen, bei drei aufeinanderfolgenden Begegnungen. Das erste Mal versuchte ich, Renée mit einem Messer zu töten. Ich stand schon hinter ihr, bereit zum Zustechen, doch sie wandte sich um und lächelte mich an. Da hatte ich keinen Mut mehr zum Weitermachen. Das zweite Mal nahm ich den 22er Karabiner, den ich in einem Schrank aufbewahrte. Im letzten Augenblick überlegte ich es mir doch noch anders. Aber als Renée gegangen war, feuerte ich auf den Stuhl, auf dem sie gesessen hatte. Das war die Generalprobe.«

»Und dann«, so fährt Sagawa fort, »kam Renée zum dritten Mal. Ich wußte, dies würde die letzte Gelegenheit sein. Denn je besser ich sie kannte, je mehr ich ihre kleinen Schwächen bemerkte, die süße Ungeschicklichkeit ihrer Finger, wenn sie sich mit den Eßstäbchen abplagte, die kindliche Neugier in ihren Augen, desto mehr schwand mir die Kraft, weiterzumachen. Schließlich aber brachte sie selbst mich dazu, die zarte Brücke zwischen Wirklichkeit und Traum, Vernunft und Wahnsinn zu überschreiten.«

Als ich an jenem dritten Nachmittag erneut versuchte, meine Renée zu küssen, brach sie einfach in Gelächter aus. Ich sprach von meiner großen Liebe, und sie lachte. Da griff ich nach dem Gewehr. Ich wollte ihr nur Angst machen, doch der Schuß ging los. Und da konnte ich der Versuchung nicht widerstehen. Ich zog sie aus, besaß sie und fing an, sie zu zerlegen. Ich war nicht mehr Issei, sondern ein Arzt. Ich war kein Arzt, ich war der Teufel. Mephistopheles in Person. Ich benutzte das Elektromesser, das ich im Haus hatte, und machte Photos von ihr. Es war stärker als ich. Ich nahm nur die Stücke, die mich am meisten reizten: die Brüste, die Lippen, die Schenkel. Nachdem ich sie mit Salz und Pfeffer gekocht hatte, stellte ich fest, daß sie einen interessanten Geschmack hatten, recht ähnlich dem von Thunfisch. Ein paar Stücke legte ich in den Kühlschrank. Dann dachte ich darüber nach, wie ich die Leiche loswerden könnte.«

Sagawa-Mephistopheles ging also in ein Kaufhaus, um zwei Koffer und eine Karre zu erwerben. Er packte die Überreste der geliebten Frau in die Koffer, legte diese auf den Karren, um sie leichter transportieren zu können, und trat auf die Rue Erlanger hinaus. Er schlug die Richtung zum Bois de Boulogne ein, in der Hoffnung, seine traurige Bürde in einem Gebüsch oder einer dunklen Ecke lassen zu können, ohne gesehen zu werden.

»Am Donnerstag, dem 11. Juni, habe ich den Weg zweimal vergeblich gemacht«, erzählt er in seinem Bericht. »Immer waren zu viele Leute um mich herum, und es war zu hell. Ich durfte kein Risiko eingehen, erkannt zu werden. Genauso ging es mir am Freitag, dem 12. Am Samstagnachmittag beschloß ich schließlich, ein Taxi zu rufen. Ich wollte möglichst weit von meiner Wohnung weg. Die Koffer waren für den Kofferraum des Taxis zu groß, deshalb mußte sie der Fahrer aufs Dach binden. Auf einmal wurden wir von zwei Polizisten angehalten, weil das Gepäck nicht ordentlich befestigt war. Ich sagte, ich sei gleich am Ziel, worauf sie uns weiterfahren ließen. Ich stieg vor dem Restaurant ›Châlet des Îles‹ im Bois de Boulogne aus, das nur ein paar Schritte vom See entfernt liegt. Mein Plan war, die Koffer in den See zu werfen, um sie endgültig zu beseitigen. Das war gar nicht so einfach, denn das Zeug war sehr schwer. Ich mußte die Koffer einige Meter über einen Felsvorsprung schieben, bevor ich sie ins Wasser gleiten lassen konnte. Ich war sicher, daß sie sofort untergehen würden. Ich konnte ja nicht ahnen, daß sie an der Oberfläche bleiben und von einem Liebespaar entdeckt würden, das die Polizei gerufen hat. Zwei Tage hatte ich noch Ruhe. Dann, am 15. Juli, kam nachmittags die Polizei und nahm mich fest.«

Von Renée Hartevelt spricht er wenig und stets in melancholischem Ton. »Ich habe sie geliebt«, sagt er immer wieder, »sie war ein gutes Mädchen. Sie war fünfundzwanzig, als wir uns kennenlernten, und sie glich mir in gewissem Sinn. Auch sie hatte Heimweh, war Ausländerin und genauso einsam wie ich. Sie sprach oft von ihren Eltern, die in Heemstede wohnen, einem Dorf bei Harlem. Sie hatte eine merkwürdige Vorliebe für Hunde und Katzen aus Plüsch, mochte exotische Gerichte und tiefsinnige Gespräche und träumte davon, Ferien am Meer zu machen. Ich weckte ihre Neugier, sie betrachtete mich als Freund, liebte mich aber nicht. Jetzt ist sie für immer bei mir. Ich habe ihre Photographie ins Gefängnis und auch in die Irrenanstalt mitgenommen. Ich spreche oft mit ihr, damit ich mich nicht so einsam fühle.«

Was würde Sagawa tun, wenn man ihn freiließe? »Als erstes würde ich einen Film machen. Ich habe ein Thema im Sinn, zu dem mich das Flugzeug inspiriert, das vor zwölf Jahren in den Anden zerschellt ist. Die überlebenden Insassen haben die Körper ihrer toten Kameraden gegessen. Ein interessanter Stoff; der Kannibalismus aus Not macht nach und nach dem Genuß Platz. Dann würde ich nach Amazonien oder in den Mato Grosso in Brasilien zu den Eingeborenen gehen, die noch heute Menschen essen.«

Was denkt er von sich selbst? »Ich bin ein moderner Gulliver. Ich reise gern in ferne Länder, um Neues zu lernen. Und ich liebe das Delirium. Der Wahnsinn hat mir noch nie Angst gemacht.«

Und während er diese Vorhaben offenbart, ist er nicht mehr der traurige Bruder von E.T., sondern ein Ungeheuer, das seine Zuhörer schaudern macht.

Wie könnten die Richter seines Landes den Mut finden, ihn in die Freiheit zu entlassen?

Chaval

Roland Topor

Wenn ich...
...mich wäre

*Chronik des Fantasiebildes,
des Größenwahns
und der
imaginären Abrechnungen*

Also wirklich, was bilden sich die Leute bloß ein?
Angesichts der Tatsache, daß ich schreckliche Dinge zeichne und daß ich fürchterliche Geschichten schreibe, stellen sie sich vor, ich sei ein gemeiner Kerl, ein Wüstling, ein Sadist, ein Psychopath, ein Rohling, ein ungehobelter Mensch. Ich protestiere energisch. Ich habe noch nie einen hübschen Frauenleichnam exhumiert, um ihn zu vergewaltigen, noch je einen Säugling an meiner Tür festgenagelt, noch je dampfende Eingeweide in meine Hosentasche gestopft. Vielleicht sind solche Gestalten auf dem Umweg über eine Zeichnung oder eine Novelle aufgetaucht, das ist möglich, ich habe es vergessen, aber ich möchte daran erinnern, daß jede Ähnlichkeit zwischen ihnen und mir nichts als reiner Zufall ist. Ich bin ein unglücklicher Sterblicher, der aus Fleisch, Knochen und Blut besteht, während meine Geschöpfe Fantasiegebilde sind, die das Glück haben, Fleisch aus Papier, Tinte anstatt Blut zu besitzen, und der

Knochen jener ist, der mir mit dem, was man mir bezahlt, noch zu nagen übrigbleibt.

Mit allem nötigen Respekt: Cézanne hatte keinen Apfelkopf und Rubens niemals Probleme wegen Cellulitis, Mondrian kämmte sich das Gesicht nicht quadratisch und Picassos Augen befanden sich in ihren Höhlen. Es liegt mir fern, mich mit diesen allzu berühmten Kollegen vergleichen zu wollen, aber das Maß ist voll, es muß überfließen.

Verläßt mich eine Frau? Man sagt mit einem komplizenhaften Augenzwinkern zu mir: »*Immerhin, es ist sicher nicht leicht, mit dir zusammen zu leben. Gib zu, daß du sie geschlagen hast!*«

Treffe ich Freunde an? Sie rufen aus: »*Hör mal, wir haben gestern im Rinnstein eine verreckte Ratte gesehen, ihr Kopf war völlig zermalmt: Wir haben an dich gedacht!*« Sehr nett.

Aus den Ferien zurück? »*Schade, daß du nicht mit uns ans Meer gefahren bist, es hatte eine Menge Ertrunkener, du hättest dich amüsiert!*«

Ich habe Anspruch auf Nutznießung aller schmutzigen Vorkommnisse, aller ekelhaften Anekdoten, aller makabren *faits divers*, und dies mit dem gutmütigen Lächeln eines Humanisten, der »die Bestie« zu verstehen sucht.

An Vernissagen kommt es nicht selten vor, daß mich Unbekannte ansprechen: »*Es ist komisch, Sie gleichen Ihren Zeichnungen!*« Und wenn das Gespräch trotz meiner Proteste fortgesetzt wird, nimmt es folgende Wendung: »*Ich wette, daß Sie gerne mit Tieren Sex treiben. Nicht? Sie ziehen raffiniertere Freuden vor? Die einsamen? Sadist oder Masochist? Lassen Sie sich gerne die Geschlechtsteile in einer Tür einklemmen? Nicht? Dann sind es die Hürchen? Ich wette, daß Sie sich ständig in der Rue Saint-Denis verkriechen! Das muß Sie teuer zu stehen kommen, was Sie von denen verlangen! Scheiße? Sie essen*

Scheiße, nicht? Nicht? Ach, seltsam! Sie haben ein sonderbares Lachen. Wir haben einen Freund, der lacht wie Sie, wir müssen Sie miteinander bekannt machen, Sie werden sehr gut zusammenpassen. Er ist verrückt nach kleinen Mädchen. Ja, sechs-, siebenjährige, nicht älter.«

Unmöglich, sie zu stoppen, sie sind unerschöpflich. Sie haben so viele gräßliche Dinge im Kopf, daß sie sich Erleichterung verschaffen müssen, das ist natürlich, aber ich bekomme Hühnerhaut davon. Und was sie dann wütend macht, ist, daß *ich* mit ihren ungesunden, sorgfältig verdrängten Vorstellungen meinen Lebensunterhalt verdiene. Das gibt sie der Lächerlichkeit preis! Die Frauen errege ich. Sie messen mich mit den Blicken und kneifen die Augen zusammen, die Zunge im Mundwinkel, wobei Schweißperlen durch die Schminke sickern. Hier tue ich mir nicht so sehr leid, es ist besser, die Frauen zu erregen, als ihnen gleichgültig zu sein. Wenn es wenigstens schöne Frauen wären! Doch nein, man soll nicht träumen. Ich sehe wohl, daß es Frauen sind, an der gewölbten Bluse und an ihren Jeans, aber die Hinweise sind dürftig. Kurz, Frauen für mich, auf welche die männlichen Männer mich mit ausgestrecktem Zeigefinger aufmerksam machen: *»Ich wette, daß die dort, die mit dem Bart, Sie reizt? Nur zu, mein Lieber, keine Hemmungen unseretwegen ... Ich habe nichts gegen die Homosexualität ...«*

Manchmal jedoch tönt es anders:
Überrascht: *»Er hat die Katze gestreichelt!«*
Verblüfft: *»Er hat dem Kleinen Bonbons gegeben, und stell dir vor, sie sind nicht vergiftet!«*
Verdutzt: *»Er hat bezahlt!«*
Ungläubig: *»Er hat keinen Parteiausweis!«*

Fassungslos: »*Er hat ein Badezimmer, und er benützt es!*«

O, ich wäre großartig, wenn ich mich wäre! Wenn ich so wäre, wie die Leute mich in der Fantasie sehen! Ein schändliches, kaum menschliches Geschöpf mit geiferndem Mund, mit Rotz an der Nase, den Schwanz in der Höhe, das Rasiermesser in der Hand, mit Kot verschmiert, mit Ungeziefer bedeckt, den Bauch über greulichen Speisen gewölbt, mit fauligem Atem, der jeden Alkoholtest zunichte machen könnte, den Kopf anstelle des Hintern und das Herz in der Blase schwimmend.

Ich muß gestehen, daß ich manchmal Reue darüber empfinde, mich so banal zu erleben, wie ich bin: Ich habe den Eindruck, ein Betrüger, ein seines Rufes unwürdiger Humorist zu sein. Wenn ich das Ich wäre, das die andern sich ausdenken, wenn ich ihren Fantasiebildern gleichen würde, wäre ich näher beim Publikum, ich würde zu ihm gehören.

Es ist so wundervoll, das Publikum! Nicht?

Gottfried Helnwein, *Joseph Beuys,* 1982

Lao Tse
Unter diesem Himmel

Unter diesem Himmel
können alle Menschen das Schöne als schön erkennen,
denn es gibt ja auch das Häßliche;
alle Menschen können das Gute als gut erkennen,
denn es gibt ja auch das Böse.
Sein und Nichtsein erzeugen einander,
Schwieriges und Einfaches ergänzen sich,
lang und kurz gestalten einander,
hoch und tief streben zueinander,
Stimme und Klang harmonieren miteinander,
Vorderseite und Rückseite folgen einander.

Deshalb verweilt der Weise
bei allem, was er tut, im Nicht-Tun
und lehrt nicht durch Worte.

Die zehntausend Dinge gehen aus dem Weg hervor,
doch er erhebt keinen Anspruch auf Macht;
er schenkt ihnen Leben,
doch er erhebt keinen Anspruch auf Besitz;
er hilft ihnen,
doch er verlangt keinen Dank;
er vollendet sein Werk,
doch er erhebt keinen Anspruch auf Ehre.
Weil er keinen Anspruch auf Ehre erhebt,
kommt ihm stets Ehre zu.

Patricia Bosworth
Diane Arbus
*Erinnerungen an die Photographin,
ihre Freunde und Modelle,
an Mae West, Richard Avedon, Andy Warhol
und Germaine Greer*

> »*Der Vorgang des Photographierens ist an
> sich schon etwas wie eine Verzerrung ...
> aber Verzerrung interessiert mich nicht ...
> man muß sich auf das konzentrieren, was
> man will, und auf das, was die Kamera will
> ... die Kamera ist so kalt. Ich versuche, so
> gut ich kann, die Dinge gleichwertig zu be-
> handeln ... Poesie, Ironie, Phantasie, alles
> gehört dazu.*«
>
> Diane Arbus

Es war eine hektische, verdrehte Gemeinschaft, die vor Vitalität aus allen Nähten platzte. Die wildesten Gerüchte kursierten, und man probte sexuelle Freizügigkeit.

»Jeder kannte jeden wie seine Westentasche«, erzählt die Tänzerin Sondra Lee. »Es gab Rivalitäten, o ja – die Egos waren gargantuesk, und es herrschte große Konkurrenz – aber das wurde alles privat ausgetragen und nicht durch die Medien gezerrt.«

In dieser Zeit, so erinnert sich der Graphiker und Designer Loring Eutemey, »spielte es keine Rolle, ob du ein guter abstrakter Expressionist warst – was wirklich zählte, war, ob du die Bongos gut spielen konntest. Ob du die Nacht durchtanzen konntest. Wir haben damals pausenlos getanzt – wie besessen. Mein Gott, war das ein Spaß.«

Der Maler Marvin Israel mietete einen Lieferwagen, und alle drängten sich hinein, um zum Hotel Diplomat in Harlem zu fahren – »alle« heißt Marvin und Margie Israel, Anita und Jordan Steckel, Diane und Allan Arbus, Robert und Mary Frank, Miriam und Tomi Ungerer sowie der Rechtsanwalt Jay Gold. »Mary war eine phantastische Tänzerin«, fährt Eutemey fort. »Sie hatte bei Martha Graham studiert und besaß einen hinreißenden Körper. Sie tanzte und tanzte und tanzte, manchmal ganz für sich allein.«

Robert Frank stand oft mit Diane am Rande der Tanzfläche, um das Treiben zu beobachten. Diane hätte liebend gern auch getanzt, aber sie war überzeugt, daß sie es nicht konnte.

Je mehr Diane sich mit ihrer Photographie beschäftigte, desto intensiver nahm sie an diesem Bohème-Leben teil. Aber niemandem fiel sie als irgendwie bemerkenswert oder besonders gesprächig auf. »Sie tauchte einfach hier und dort auf, und schließlich war sie einfach *da*, vorhanden«, sagt Rosalyn Drexler, die sich an Diane als einen liebenswürdigen, zurückhaltenden Menschen erinnert, der offen und freundlich sein konnte, im nächsten Augenblick aber geheimnisvoll verschlossen war.

Wie Diane benutzte auch Avedon eine Rollei, aber schließlich entschied er sich für die altmodische 8 × 10 Deardorf-Kamera, »denn ich wollte mich nicht mehr hinter der Kamera verstecken. Ich wollte meinen Objekten persönlich gegenüberstehen. Nur das sollte die Qualität eines Photos bestimmen – was ich aus meinem Gegenüber herausholen kann.«

Er bestand von nun an darauf, daß »Bazaar« zwischen den Modeseiten auch seine Porträtaufnahmen interessanter Gesichter brachte. Es faszinierte ihn, die Ähnlichkeit von Gesichtern zu dokumentieren, indem er Gegensätzliches nebeneinanderstellte: zum Beispiel den Kinderarzt und den Mörder (wer ist wer?). Er überredte Nancy White, ihm zusätzliche Seiten für seine Hochzeitsphotos aus der City Hall oder seine Aufnahmen vom Student Non-Violent Coordinating Committee zur Verfügung zu stellen.

Er wurde energisch unterstützt von Marvin Israel, der dabei war, das Designkonzept der Zeitschrift ebenso unverwechselbar zu gestalten wie den Inhalt. Er schickte Robert Frank nach Polen und Rußland, um Modephotos vor düsterem, totalitärem Hintergrund zu machen; er engagierte Stan Vanderbeck, der phanatasievolle Collagen schuf; er war begeistert von Avedons Idee, Gräfin Christina Paolozzi mit entblößtem Busen aufzunehmen oder die Pariser Kollektionen an dem schönen Modell China Machado, umrahmt von runzligen älteren französischen Presseleuten.

Israel sprach von seinen Plänen für »Bazaar«: Die Zeitschrift sollte nicht nur modische Kleider und Bilder bringen, sondern auch das Leben wiederspiegeln, so wie Fellini es sah. Dale McConathy, der frühere Feature-Redakteur, erzählt: »Marvin liebte *La dolce vita*. Er wollte die Atmosphäre dieses Films mit seiner grellen Sensationslust, der Apathie der oberen Zehntausend und der dekadenten Erotik erfassen; er wollte das für »Bazaar« einfangen, es zwischen Parfumwerbung und Schmuckwerbung und Texte über Wäsche und Pelze setzen ... Außerdem hatten Marvin und Avedon Idole aus den fünfziger Jahren, wie Carson McCullers, Truman Capote, Oscar Levant, denen sie ein Denkmal setzen wollten und auf deren Gesichtern das Leben inzwischen seine Spuren hinterlassen hatte.«

Ohne Zweifel stellten Dianes düstere Visionen, ihr Interesse an Freaks und Exzentrikern eine Art Waffe im Kampf gegen Nancy White dar, die schicke, aber eher konventionelle Chefredakteurin von »Bazaar«.

Diane besuchte Richard Avedon immer häufiger in seinem Studio, und er machte ihr Mut und gab ihr technische Ratschläge. Manchmal erzählten sie einander, wie sie einen bestimmten photographischen Effekt erzielt hatten, aber das geschah nicht oft – Avedon gab seine Tricks nicht gerne preis. Andere Photographen lobte er selten – mit Ausnahme von Diane; Irving Penn allerdings bewunderte er. »Was macht Irving denn zur Zeit?« fragte er immer.

Einmal verriet er, wie es ihm gelungen war, dem Herzog und der Herzogin von Windsor den erschreckten Gesichtsausdruck zu entlocken, den sie auf seinem grauenhaften Porträt in dem Buch *Nothing Personal* zeigen: Als er in Waldorf Towers ankam und seine Kameras aufbaute, während das königliche Paar sich sorgfältig in Positur setzte, murmelte er: »Es tut mit leid, daß ich mich verspätet habe, aber es ist etwas Schreckliches geschehen: Mein Taxifahrer hat einen Hund überfahren.«

Den Windsors, großen Hundenarren, stockte der Atem. Klick! Das Bild war gemacht.

Das war eine von Dianes Lieblingsgeschichten, ebenso die von Charlie Chaplin, der sich einen ganzen Tag in seinem Studio verkrochen hatte in der Hoffnung, den Einwanderungsbehörden zu entgehen. An jenem Tag machte Avedon Dutzende von immer verrückteren Photos von dem großen Clown, der seine Grimassen schnitt.

Kurze Zeit danach sollte sie für »Show« in Kalifornien die alternde Kultfigur Mae West photographieren, die sich bereit erklärt hatte, im weißgoldenen Schlafzimmer ihrer Hollywood-Wohnung Modell zu sitzen. (Immer, wenn sie Besuch hatte, standen stumme, geschmeidige Muskelmänner herum; niemand erwähnte jemals den Affenkot, der an dem hellen Fellteppich klebte.)

Diane kam am frühen Nachmittag. Die Rollos waren heruntergelassen, das Licht brannte, und Mae West watete gleichsam durch das Halbdunkel mit ihrem komischen Gang und ihrer provozierenden Überheblichkeit. Während sie photographiert wurde, erzählte sie, wie sehr sie sich auf Naturkost, Klistiere und Sextherapien verlasse, um möglichst lange jung zu bleiben. »Keine Sonne!« warnte sie Diane schroff. »Die Sonne macht Falten!« Sie sagte, sie habe seit Jahren ihre Wohnung nicht mehr tagsüber verlassen, »weil ich die Sonne hasse«. Diane meinte, auch sie möge die Sonne nicht besonders; Sonnenlicht war ihr zu hell, zu grell – es machte sie nervös, und sie mußte dann ständig blinzeln. Beide Frauen zogen die Dunkelheit bei weitem vor.

Hinterher drückte Mae West Diane eine 100-Dollar-Note in die Hand und sagte »Danke, Schätzchen«, bevor sie aus dem Zimmer tänzelte. Wahrscheinlich war das reine

Gewohnheit – während der dreißiger Jahre hatte sie sogar denjenigen Photographen ein Trinkgeld gegeben, die sie auf der Leinwand aufgenommen hatten. Diane gab das Geld mit einem Briefchen zurück, in dem sie schrieb, wie froh sie sei, sie kennengelernt zu haben. Aber als die kruden Schwarzweißbilder in »Show« erschienen, war Mae West wütend und ließ dem Verleger Huntington Hartford durch ihre Anwälte ein böses Schreiben schicken, in dem die Photos als »wenig schmeichelhaft, grausam und alles andere als ›glamorous‹« bezeichnet wurden. Diane war bekümmert. »Sie war immer aufrichtig überrascht, wenn ihre Modelle nicht mit dem einverstanden waren, was sie in ihnen gesehen hatte«, erzählt Charlie Reynolds. Aber irgend etwas an Dianes Bildern irritierte immer. In diesem Fall wirkte Mae West trotz ihrer stolzen Formen nicht wie eine Vollfrau, und ihre Schlafzimmereinrichtung stellte eine so schamlose Talmi-Realität dar, wie das nur in Hollywood möglich war.

Nach Dianes Rückkehr aus Kalifornien kam Hiro manchmal morgens zum Frühstück vorbei, bevor er in Avedons Studio ging. »Diane briet mir Frühstückseier und zeigte mir ihr Hollywood-Material«, erinnert er sich. Sie hatte auch Bilder in Disneyland gemacht, zum Beispiel von Pappmachéfelsen auf Rädern und von einem Haus auf einem Hügel, das so aufgenommen war, daß man die Stützvorrichtung hinter der falschen Fassade erkennen konnte. Diese Illusion hatte für sie offenbar eine ganz private Bedeutung; vielleicht war sie ein Symbol für die Leere und Unaufrichtigkeit, die sie ihr Leben lang gehaßt hatte.

Während der Weimarer Republik hatte Sander in Deutschland gelebt; kurz nach dem Ersten Weltkrieg (bis Hitler 1932 seinem Projekt ein Ende machte, weil es »anti-sozial«

war) hatte er versucht, jeden Archetypus seines Landes festzuhalten und zu dokumentieren – Bauern, Anwälte, Tortenbäcker, Künstler, Nazis, Mädchen in Konfirmationskleidern, Juden, Ärzte, Bankiers. Alle seine Porträts waren direkt und aufrüttelnd, jedoch niemals bedrohlich. Er wollte niemanden in ungünstigem Licht erscheinen lassen. »Das Porträt ist dein Spiegel«, pflegte er zu sagen. »Das bist du.« Folglich blickten Sanders Modelle ihn völlig ausdruckslos an und forderten ihm auf diese Weise eine Art von Selbstreflexion ab; und genau das wollte er. Durch Sander wurde Diane bewußt, daß die Kamera ungeheure Möglichkeiten der Bloßlegung bietet.

Sie hatte schon des öfteren mit dem Gedanken gespielt, Archetypen zu photographieren – sie hatte es auch bereits getan (Teenager, Blumenkinder, Gewichtheber) – und sich oft als »so eine Art von Anthropologin« bezeichnet. Wiederholt sagte Lisette Model ihr, daß ihre Bilder um so allgemeingültiger würden, je genauer sie im Einzelnen wäre. »Ich dachte, wenn ich irgendein verallgemeinertes menschliches Wesen photographierte, würde jedermann sich darin erkennen«, sagte Diane. »Das wäre dann so etwas wie der Mensch an sich.«

Auch Avedon beschäftigte sich mit Sander – studierte die frontale symmetrische Komposition, die so überaus wichtige Konfrontation mit der Thematik. Avedon war auf das Prototypische aus – aber er wollte prototypische Berühmtheiten sammeln, die allgemein bekannt waren, zum Beispiel Eisenhower und Malcolm X; je berühmter, desto besser. Es kränkte ihn, daß man ihn nur als Modephotographen kannte, und so machte er *Nothing Personal* – sein zweites Buch.*

---

* Sein erstes war *Observations* gewesen, mit einem Text von Truman Capote.

Marvin Israel war für die Gestaltung zuständig, James Baldwin, ein Schulkamerad, für den Text. Es sollte sich mit dem Amerika nach der Ermordung John F. Kennedys befassen – mit der Einsamkeit und Gewalt, mit dem Aufkommen der Bürgerrechtsbewegung. Avedons Photos reichten von erschreckenden, unscharfen Momentaufnahmen in einem Irrenhaus bis zu Bildern von Eheschließungen in der City Hall. Das Buch enthielt auch Studien über einen nackten Allen Ginsberg, eine trübselige Marilyn Monroe, bedrohlich wirkende, verächtlich grinsende Popsänger, Arthur Miller mit langem Schatten und ungeschönte Porträts von Adlai Stevenson, John L. Lewis und Bertrand Russell.

Die Haut – diese ewige Maske – faszinierte ihn ebenso: Haut, hart ausgeleuchtet vor einem kahlen Atelierhintergrund – alternde, schlappe, schlaffe Haut, trübe Augen, trockene, rissige Münder. Diane interessierte sich normalerweise nicht für das Alter eines Menschen, Avedon hingegen betonte es in *Nothing Personal* noch – für ihn hatte Alter etwas Bestimmendes.

Avedon litt oft unter Schlaflosigkeit, und wenn er nicht schlafen konnte, rief er Diane an, und dann redeten sie stundenlang miteinander. Gelegentlich gingen sie auch zusammen auf irgendwelche Parties, mit ihren Kameras bewaffnet. Sie photographierten auf einer Lesung, die William Burroughs hielt und zu der Larry Rivers, Jack Smith und Andy Warhol gekommen waren; sie besuchten eine Wohltätigkeitsveranstaltung zugunsten von Abby Hoffmann auf dem Dach eines Mietshauses; bei diesem Anlaß spielten die Fugs obszöne Lieder. Von Zeit zu Zeit nahmen sie an einem Symposion in der New School teil, zusammen mit Cornell Capa und Irving Penn, und diskutierten über die Kunst des

Porträts. In der Öffentlichkeit tat Diane so, als hätte sie großen Respekt vor Avedon – immer wieder betonte sie, wie sehr sie ihn um sein technisches Können beneidete, daß sie niemals fähig wäre, so perfekt zu photographieren wie er.

Einmal sagten Avedon und Diane für einen Workshop zu, den Bruce Davidson in seinem Atelier in der 12. Straße West abhielt. Davidson hatte unter einer fürchterlichen kreativen Blockierung gelitten. »Auf einmal konnte ich keine einzige Aufnahme mehr machen – ich konnte nicht einmal mehr eine Kamera in der Hand halten«, – und ausgerechnet er war Cartier-Bressons Protegé und nahezu ein Jahrzehnt hindurch Mitarbeiter der angesehenen Photoagentur Magnum gewesen. Durch seine Photos von Freedom Riders, dem Start der ersten Mondfähre in Cape Canaveral war er berühmt geworden – »aber plötzlich konnte ich keinen Belichtungsmesser mehr anfassen, keinen Film mehr einlegen«, sagt er. »Vielleicht hatte das etwas mit dem Scheitern meiner ersten Ehe zu tun, oder ich hatte gerade eine schlechte Phase, als ich versuchte, als Modephotograph ganz groß herauszukommen.« Was auch immer der Grund sein mochte, er unterrichtete nun: »Ich versuchte, meine Kreativität wiederzugewinnen.« Er hatte sich zehn Schüler aus den verschiedensten gesellschaftlichen Bereichen ausgesucht – darunter eine Hausfrau aus einem Vorort, einen pensionierten Geschäftsmann und einen Studenten ohne Hochschulabschluß namens John Gossage, der den größten Teil seiner Zeit damit verbrachte, die gesamte Photosammlung im Museum of Modern Art auswendig zu lernen. Gossage wurde schließlich ein ausgezeichneter Photograph und auch ein enger Freund von Diane.

»Und dann bat ich Kertesz, Avedon und Diane Arbus,

mitzumachen und an einem Abend Arbeiten von sich vorzuführen«, erzählt Davidson. »Kertesz brachte Photos von einem nackten Mann, der auf einem Felsen sitzt, von einer Frau, die sich in einem Sofa zurücklehnt, und von einer Wolke, die neben einem hohen Gebäude schwebt. Avedon zeigte seine Bilder von geschundenen Patienten in einem Irrenhaus und ein schonungsloses Photo von Marilyn Monroe. Diane brachte ihre Porträts einer übergewichtigen Familie, nackt auf einer Wiese liegend, posierende Liliputaner und das Bild von einer Witwe in ihrem überladenen Schlafzimmer. Alle drei ermöglichten uns Rückschlüsse auf ihr Innenleben.«

Auf einer Redaktionssitzung von »New York« war viel die Rede davon, ob die Zeitschrift einen Artikel über Andy Warhol bringen sollte oder lieber nicht, denn dieser schien allmählich mit seiner Publicitysucht, seinem ewigen Voyeurismus, seinen wilden Parties in seinem Dachatelier mit den silbernen Wänden, das er Factory nannte, den Ton der sechziger Jahre anzugeben.

Dort oben floß der Alkohol in Strömen, Sex und Drogen waren reichlich im Angebot, und verblassende Sterne am Filmhimmel wie Judy Garland sowie Damen der Gesellschaft wie Marian Javits waren nur zu gern dabei, wenn Warhol Schwule in Frauenkleidern, Transvestiten und Möchtegerndichter dabei filmte, wie sie vor der Kamera »schreckliche Dinge« machten.

Erst kürzlich hatte Warhol eine ausnehmend schöne Schauspielerin, Viva, der breiten Öffentlichkeit vorgestellt. In seinem neuesten Film, *Lonesome Cowboy,* war sie nackt zu sehen, während sie nonstop redete, und sich an einer Orgie und einer Masturbationsszene beteiligte. Felker wollte, daß

Diane Viva photographierte; den Text sollte Barbara Goldsmith schreiben. Irgendwann im Dezember 1967 machten sich die beiden Frauen auf den Weg zur Factory.

Als sie ankamen, wurden sie von einem riesigen, mit Spiegeln versehenen Röhrenblitz geblendet, der von der Decke hing. Sie ertranken schier in Silber; Silberfolie bedeckte die Wände, die Rohrleitungen, und sogar das kleine Nebenzimmer, in dem Homosexuelle miteinander schliefen, war damit ausgekleidet. Gegen die Stühle und Tische waren Teile von zerbrochenen Spiegeln und große Stücke von gesplittertem silbrigem Glas gelehnt.

Silber mache die speed freaks high. (»Silber schuf Raum, Silber bedeutete Vergangenheit – Silber war Narzißmus«, schrieb Andy Warhol.) Und da fast alle in der Factory »schnelle« Drogen nahmen – Amphetamine –, so »sangen sie, bis ihnen die Worte in der Kehle steckenblieben, tanzten, bis sie umfielen, bürsteten sich die Haare, bis sie sich das Handgelenk verrenkten«, und ihre wilden Zuckungen wurden unweigerlich von den funkelnden silbrigen Spiegeln zurückgeworfen.

An diesem ersten Abend schien die Musik der Beatles auf höchste Lautstärke eingestellt zu sein. Diane schoß Photos von Warhol, von seinem kreideweißen, hinter der dunklen Brille unbewegten Gesicht. Er ließ ein Tonbandgerät laufen, um das Gemurmel seiner drogensüchtigen Gemeinde aufzunehmen – der pickligen Transvestiten, der jungen, eleganten Strichmädchen, der ausgemergelten A-heads. Einige von ihnen hatten sich für Diane aufgedonnert und protzten mit ihrer Kostümierung.

Sie war zwar mehr an Warhols Todesbildern interessiert – das ruhige Lächeln Marilyn Monroes auf Dutzenden von Siebdrucken –, aber der Auftrag galt Viva; also fing Diane schließlich an, die mit einem schwarzen Jackett und einer Hose aus der Zeit um die Jahrhundertwende ausstaffierte Schauspielerin abzulichten, die dabei ununterbrochen redete. Als Mensch hatte Viva eine physische Präsenz, die fast so dominierend war wie die der Garbo. Groß und sehr schlank, mit riesigen grünen Augen, bleichen, hohlen Wangen, lockigem Blondhaar, hatte sie Lippen, die so züchtig wirkten wie die einer irischen Nonne.

Diana Vreeland hatte vor, mit Viva als Modell ein Sonderheft von »Vogue« über die neueste Mode herauszubringen; Avedon sollte die Aufnahmen machen. Aber Viva schien das nicht sonderlich zu beeindrucken; sie war nur darauf versessen, über ihre scheußliche Weihnachts-Religions-Sexobsession zu reden. Wie sie als kleines Mädchen Angst davor gehabt hatte, zur Messe zu gehen... wie sie in Frankreich ihren ersten Nervenzusammenbruch gehabt hatte. Daß sie in Warhols Filmen nackt aufgetreten war, hatte ihr zwar zu einer gewissen Berühmtheit verholfen, sagte sie, aber wenn sie zur *Tonight Show* oder Merv Griffin ging, wurde sie wie eine Ausgeflippte behandelt, »weil ich mich nicht geschämt habe, meinen nackten Körper in einem Film herzuzeigen«.

Sie redete, so schien es, Stunde um Stunde, und immer hatte ihre Stimme einen leicht hysterischen Unterton, als könnte eine Unterbrechung ihres Redeschwalls schreckliche Depressionen auslösen. Am darauffolgenden Nachmittag besuchten Diane und Barbara Goldsmith Viva in ihrem Apartment in der 83. Straße East. Die Wohnung war völlig verdreckt. Überall lagen schmutzige Kleider herum, die Überreste von Pfannkuchen schimmelten auf Aluminiumfolie vor sich hin. Barbara Goldsmith begann mit dem Interview, und Diane schoß mit atemberaubender Geschwindigkeit ihre Photos, während Viva ziellos im Zimmer herumging und von sich erzählte.

Ihr richtiger Name war nicht Viva, sondern Mary Hoffman, sagte sie. Sie stammte aus einer Familie mit neun Kindern – geboren war sie in der Gegend des St. Lawrence Seaway im Norden des Staates New York, dem »Land der tausend Inseln«. Ihr Vater war Strafverteidiger und besaß eine Sammlung von vierundsiebzig Geigen. Ihre Mutter unterstützte Joe McCarthy, und ihr Wortschatz beschränkte sich auf zwei Sätze: »Halt den Mund« und »Halt die Beine zusammen«. Klistierspritzen waren ein fester Bestandteil ihrer Kindheit gewesen, erzählte Viva. Sie schwatzte ununterbrochen über dieses Thema und auch über andere körperliche Funktionen, während sie nackt auf der Toilette hockte. Diane photographierte sie dort und auch in ihrem vollgestopften Schlafzimmer; Viva machte gerade den Versuch, die Füllung in ein Stuhlkissen zurückzustopfen.

Und sie redete und redete. Über ihren ersten Liebhaber, den Photographen Louis Faurer, der jeden Abend voller Zärtlichkeit ihr Gesicht kunstvoll bemalt hatte. Masturbation wäre besser, als mit jemandem zu schlafen, den man nicht mag. Sie verglich Andy Warhol mit dem Leibhaftigen. »Er schnappt dich einfach, und dann kommst du ihm nicht mehr aus. Ich kann nicht mal mehr die einfachste Entscheidung treffen oder irgendwohin gehen, ohne vorher Andy zu fragen«, sagte Viva. »Andy hat solche Macht über uns alle.«

So schwatzte sie weiter, bis Barbara kein Band mehr hatte und Diane keinen Film mehr.

Wenn ihr Gerede Selbsterforschung sein sollte, so war es doch gleichzeitig auch Selbsterneuerung – durch ihr Reden konnte sie sich am Leben erhalten, sich ihrer selbst versichern, sich selbst erschaffen. »Ich bin nicht so durchgedreht, wie es sich anhört.«

An einem eiskalten Abend begleiteten Diane und Barbara Goldsmith Viva zu Maxens Kansas City, wo Warhol, Ingrid Superstar und Brigid Polk, eine Tochter von Richard Berlin, dem Präsidenten der Hearst Corporation, sich ihnen anschlossen. Viva schnüffelte Meth aus einem Löffel, weil sie angeblich Menstruationsschmerzen hatte. Ein anderes Mal ging Diane mit Viva zu einem Off-Broadway-Schauspieler in dessen Wohnung in der Perry Street. Viva behauptet, daß an diesem Abend »alle haschten, auch Diane, und es ging sehr gemütlich und freundschaftlich zu«. An diesem Abend machte Diane weitere Aufnahmen von Viva – wie sie mit dem Schauspieler und seiner Frau schlief (die noch im gleichen Jahr auf geheimnisvolle Weise von einem Fremden ermordet wurde).

Am darauffolgenden Morgen kam Diane sehr früh, um die letzten Photos zu schießen. Viva hat daran keine besonders guten Erinnerungen: »Diane klingelte. Ich hatte auf der Couch geschlafen. Ich war nackt, darum wickelte ich mir das Bettuch um, ließ Diane herein und fing an, mir die Wimpern zu tuschen. Ich wollte gerade etwas anziehen, da sagte Diane: ›Ist nicht nötig – du siehst ohne lockerer aus – außerdem will ich sowieso nur ein Porträt machen.‹ Ich Idiot glaubte ihr das natürlich. Sie bat mich, mich nackt auf die Couch zu legen und an die Decke zu starren, was ich auch tat. Diese Photos waren gestellt. Ich sah aus, als wäre ich vollgepumpt, aber ich war es *nicht*. Ich war stocknüchtern. Diese Photos sind absolut gekünstelt, überhaupt nichts Spontanes. Sie sind gestellt und manipuliert. Diane Arbus log, betrog und übertölpelte mich. Sie hat *gesagt,* sie wolle nur Porträts machen. Ich habe ihr vertraut, weil sie sich wie eine Märtyrerin aufführte, wie eine kleine Heilige! Mein Gott! Aber insgeheim war sie genauso ehrgeizig wie wir alle, genauso scharf darauf, berühmt zu werden – Karriere zu machen. Ich erinnere mich, daß ich gleich danach Dick Avedon gerufen habe, weil er mich gerade ganz toll für ›Vogue‹ aufgenommen hatte. Ich erzählte ihm: ›Diane Arbus hat mich für »New York« geknipst‹, und er stöhnte: ›Du liebe Zeit, nein! Das hättest du nicht zulassen dürfen.‹ Und Andy sagte das gleiche. Tatsache ist, daß ich noch nie ein Photo von ihr gesehen hatte, ich konnte eine Arbus-Arbeit nicht von einem Philippe Halsman unterscheiden.«

Die Photos von Viva, die Barbara Goldsmith's hinreißendes Interview in der »New York«-Nummer vom April 1968 illustrierten, waren grausam. Aus Hunderten von Kontaktabzügen wählten Felker und Milton Glaser, der Art Director, zwei aus. Auf der grellen, körnigen Vergrößerung scheint Viva unter Rauschgift zu stehen, ihre Augen sind ganz verdreht. Hier deutet nichts darauf hin, daß das Leben paradox und kompliziert ist; es ist nur noch brutal. Das Photo ist anscheinend so zurechtgeschnitten worden, daß Vivas behaarte Achselhöhlen und ihre kleinen Brüste noch betont werden. Auf dem anderen Bild sieht man eine nackte und sich vor Lachen biegende Viva auf einer mit einem Bettuch bezogenen Couch. Ihre Pose hat etwas Geil-Lässiges; sie wirkt bis zu den Sohlen ihrer schmutzigen Füße rundum zufrieden mit sich selbst. Das, was an Dianes Arbeiten manchmal so abstößt und befremdet – die Strenge und die scheinbare Mißachtung des Modells –, hier wird es offenkundig.

Als Diana Vreeland die Photos sah, soll sie entsetzt aufgeschrieen und die restlichen »Vogue«-Aufträge für Viva gestrichen haben; die Viva-Photos erregten soviel Aufsehen in der Madison Avenue, daß es eine Zeitlang so schien, als würde das »New York«-Magazin alle Abonnenten verlieren.

Sie bekam immer noch nicht genügend Aufträge, also photographierte sie manchmal bei irgendwelchen öffentlichen Anlässen und verkaufte später die Aufnahmen. Aus diesem Grund nahm sie auch an Germaine Greers Pressekonferenz bei Sardi teil.

Germaine Greer – ungeheuer intelligent und über einen Meter achtzig groß – hatte einen Wildlederrock und Holzpantinen an; sie war eben aus England zurückgekehrt und machte jetzt in den Staaten Reklame für ihren Bestseller *Der weibliche Eunuch*. Sie hatte schon im Rathaus für Aufregung gesorgt, als sie sich mit Norman Mailer über weibliche Sexualität stritt. »Life« hatte sie auf dem Titelblatt gebracht, und sie war eigens nach New York gekommen, um in der Dick-Cavett-Show Conférencier zu spielen.

Heute erzählt Germaine Greer, daß ihr erster Eindruck von Diane der eines »rosenblättrig-weichen, zarten, kleinen Mädchens war. Ihr Alter konnte ich nicht schätzen, aber sie sah bezaubernd aus in ihrer Safarijacke und mit dem kurzgeschnittenen Haar. Sie schleppte einen solchen Haufen Photoausrüstung mit sich herum, daß ich mich erbot, ihr tragen zu helfen – allein kam sie ja kaum damit zurecht. Sie knipste mich von allen Seiten, und als sie sagte, sie würde gern eine richtige Sitzung für ein Photo von mir machen, willigte ich ein. Ich hatte ihren Namen schon gehört und dachte mir: ›Warum eigentlich nicht?‹

Es war ein dumpf-schwüler Tag«, fährt sie fort. »Ich wohnte in einem schäbigen Zimmer im Chelsea Hotel. Als Diane kam, bat sie mich sofort, ich solle mich aufs Bett legen. Und ich war müde. Mein Gott, war ich müde – ich hatte mein Buch auf Teufel komm raus unter die Leute gebracht –, also tat ich, was sie sagte. Und dann kniete sie plötzlich auf dem Bett, hockte über mir, und das Weitwinkelobjektiv starrte mir ins Gesicht, und sie knipste wie wild.

Daraus entwickelte sich eine Art Duell zwischen uns beiden, weil ich mich dagegen *wehrte,* so photographiert zu werden – so aus der Nähe, daß man all meine Poren und Falten sehen konnte! Und sie behämmerte mich mit allen möglichen persönlichen Fragen, und ich merkte, daß sie nur dann auf den Auslöser drückte, wenn mein Gesicht Spannung, Sorge, Langeweile oder Verärgerung ausdrückte (und, das kann ich Ihnen sagen, sie bekam vor allem letzteres zu sehen), aber weil sie eine Frau war, sagte ich ihr nicht, sie solle sich zum Teufel scheren. Wäre sie ein Mann gewesen, ich hätte ihn in die Eier getreten.

Das war Gewaltanwendung. Reine Gewaltanwendung. Es endete damit, daß Diane Arbus rittlings auf mir saß – dieses zarte, zerbrechliche Persönchen kniete auf mir und war ganz versessen auf mein Gesicht. Das verdammte Objektiv terrorisierte mich regelrecht. Ein irrsinniger Kampf. Schließlich erklärte ich: ›Verdammt noch mal, das können Sie mit mir nicht machen! Ich laß mich nicht wie ihre grotesken Freaks knipsen!‹ Also ließ ich mein Gesicht zu einer Maske erstarren. Und Diane knipste fröhlich weiter – klick, klick, klick, klick –, redete mir gut zu, neckte mich, schmeichelte mir. Dieses rosenblättrige Wesen verfolgte mich wie ein Laserstrahl, klick, klick, klick, klick. Von Zeit zu Zeit sprang sie auf, um einen neuen Film einzulegen. Kaum wollte ich erleichtert aufatmen, da hockte sie schon wieder auf mir! Zwischen uns tobte eine richtige Schlacht. Wer hat gewonnen? Unentschieden, denke ich. Seit jenem Nachmittag habe ich sie nie mehr gesehen, die Photos übrigens auch nicht.«

Am 27. Juli hörte das Telefon in ihrem Apartment nicht auf zu klingeln. Peter Schlesinger rief ein um das andere Mal an, er wollte ihre endgültige Zusage haben, daß sie ein Symposion über Photographie leiten würde, das für Ende der Woche vorgesehen war. Auch Marvin Israel rief mehrmals an, aber niemand nahm ab. Am 28. Juli fuhr er nach Westbeth.

Dort fand er Diane mit aufgeschnittenen Pulsadern, tot. Sie lag in der leeren Badewanne und war mit Hose und T-Shirt bekleidet – ihr Körper »ging schon in Verwesung über«. Ihr Tagebuch auf dem Schreibtisch war am 26. Juli aufgeschlagen, und quer über die Seite hatte sie gekritzelt: »Das letzte Abendmahl.«

Man fand keine weitere Botschaft, obwohl Lisette Model behauptete, sie hätte eine Nachricht erhalten; sie weigerte sich aber, den Inhalt preiszugeben. Es wurde gemunkelt, Diane hätte Kamera und Stativ aufgebaut, um ihren eigenen Tod zu photographieren. Als dann die Polizei und der Staatsanwalt eintrafen, fanden sie weder Kamera noch Film.

Genoveva Dieterich

Einzelgänger Hammett

Bis vor kurzem erfreute sich Dashiell Hammett, »Vater des amerikanischen ›schwarzen‹ Kriminalromans« und Autor von wenigstens einem Meisterwerk der Literatur – ›*The Maltese Falcon*‹ – einer relativen biographischen Anonymität, die zur enigmatischen Qualität seiner Romane und Erzählungen paßte und die Barriere vor seinem Privatleben zu seinen Lebzeiten aufrecht erhielt. Selbst Liebhaber seines Werkes hatten nur verschwommene Vorstellungen von seinen Anfängen als Detektiv bei Pinkerton und als Mitarbeiter der *Black Mask*-Hefte, von seinen Erfolgsjahren und seinem unverständlichen Rückzug von der literarischen Bühne, von seinem folgenschweren Zusammenstoß mit dem ›Ausschuß gegen unamerikanische Umtriebe‹ des berüchtigten Senators McCarthy und von seinen letzten, zurückgezogenen Jahren. So wie über Hammetts Leben wenig mehr als Anekdoten und Legenden bekannt waren, herrschte über seine äußere Erscheinung Ungewißheit. Auf den üblichen Fotos war undeutlich ein hochgewachsener, hagerer Mann mit schwarzem Schnurrbart und weißem Haar zu erkennen, der nie lächelte und immer aufbruchbereit erschien, als würden ihn Leute und Anlaß nicht besonders

Dashiell Hammett, Umschlagphoto für die Originalausgabe von
The Thin Man, 1934

interessieren. Seine Leser identifizierten Hammett gern mit seinen physisch sehr präsenten Helden, aber nicht so sehr wegen ihrer aggressiven Körperlichkeit, sondern wegen ihrer Stimmen. Diese war beim namenlosen *Continental Op,* dem unzugänglichen *Sam Spade,* dem hintergründigen *Ned Beaumont* oder dem nüchternen *Nick Charles* immer die unverkennbare Stimme Hammetts: kühl, trocken, drohend, manchmal humorvoll, selten lyrisch. Sie erklärte Hammett restlos, war als biographische Metapher befriedigend.

In den letzten Jahren, besonders nach dem Erscheinen der Erinnerungen von Hammetts Gefährtin Lillian Hellman, stieg das Interesse für diesen kompromißlosen Schriftsteller, der auf der Höhe seines Erfolges herausfordernd sagte: »I mean to live flamboyantly«. Die Leser begnügten sich nicht mehr mit der Stimme des Autors. Sie wollten nähere Einzelheiten aus seinem Lebensabenteuer. Zwei Biographen, Richard Layman *(Shadow Man: The Life of Dashiell Hammett, 1981)* und Diane Johnson *(The Life of Dashiell Hammett, 1983; Dashiell Hammett. Eine Biographie. Deutsch von Niklaus Stingl. Diogenes Verlag, Zürich 1985)* wagten sich an das bereits etwas starre Hammett-Bild, um es wieder in Lebensnähe zu rücken. Aus den zusammengetragenen biographischen Daten eines (wie so oft in der amerikanischen Literatur) von hartem Überlebenskampf, meteorhaftem Aufstieg und neurotischer Selbstzerstörung gezeichneten Lebens ergab sich ein neues, lebendigeres, vielleicht auch bestürzendes Hammett-Bild, das wenig mit seiner Legende zu tun hat.

Wie Jack London war Samuel Dashiell Hammett, der 1894 in St. Mary's County (Maryland) zur Welt kam, ein Autodidakt, der in frühester Jugend die Enge des väterlichen Hauses verließ, um sich im Alleingang durchzuschlagen. Als Detektiv der Pinkerton-Agentur reiste er nach Westen und lernte die berauschend-erschreckend-begeisternde Realität seines Landes aus erster Hand kennen. Er sah die sozialen Kämpfe des Jahrhundertbeginns, in denen Streiks mit allen Mitteln zerschlagen wurden und lästige Gewerkschaftler für nicht einmal hohe Geldsummen beseitigt wurden. Ihm soll als Pinkerton-Mann die Erledigung eines solchen Geschäfts nahe gelegt worden sein. Er erkannte aber auch, daß im Amerika des beginnenden 20. Jahrhunderts die Möglichkeiten unendlich waren und die Mythen des ›selfmade man‹ und des ›american dream‹ des Erfolgs mehr denn je greifbar waren. Die amerikanische Industrie war gerade dabei, die Weltmachtposition der Vereinigten Staaten für einige Jahrzehnte zu sichern; auch auf kulturellem Gebiet waren dies Jahre der Gärung und des Wachstums, in denen Presse, Film, Rundfunk und Verlagswesen nie gekannte Verbreitung und Macht erreichten.

Nach dem Ersten Weltkrieg, in dem er kurze Zeit als Soldat diente und schwer an Tuberkulose erkrankte, ließ sich Hammett mit Frau und Kind in San Francisco nieder. Seine Krankheit machte die Weiterarbeit für Pinkerton unmöglich, aber er fand als Verfasser von Werbetexten eine Beschäftigung, die ihm nebenher das Schreiben erlaubte. Seine ersten Kriminalgeschichten erschienen Anfang der 20er Jahre in den populären *Black Mask*-Heften, die unter Phil Cody und Joseph T. Shaw zur Pflanzschule des amerikanischen ›schwarzen‹ Romans wurden, und in denen Hammett mit seinem spröden, furchtlosen Stil bald den Ton angab. Gleichzeitig schickte er Gedichte, kleine, ironische Vignetten über die Untreue der Frauen und die Lässigkeit der Männer, und lakonische, leicht surrealistische Aufzeichnungen aus dem Leben eines Privatdetektivs an das avantgardistische New Yorker Magazin *Smart Set,* das von den angesehenen Kritikern Jean Nathan und H. L. Mencken despotisch geleitet wurde. Wie andere amerikanische Schriftsteller geriet Hammett bald in den fatalen, mehr imaginären als realen Konflikt zwischen ›kommerzieller‹ und ›ernster‹ Literatur, der ihn immer verfolgen sollte und sicherlich auch eine Rolle in seinem selbstzerstörerischen Trinken und seiner späteren Schreibunfähigkeit spielte. Für Hammett war der Erfolg seiner Kriminalgeschichten, die zu schreiben ihm anscheinend wenig Mühe machte, suspekt. Vielleicht weil ihm ›ernste‹ Erzählungen aus seiner Kindheit oder Soldatenzeit einfach nicht gelingen wollten? Aber ›Blackmasking‹, wie er abschätzig seine erfolgreiche Schriftstellerei nannte, brachte ihm Geld, Ansehen und schließlich den von allen Schriftstellern dieser Zeit so gefürchteten wie erwarteten Ruf nach Hollywood ein.

Als Autor von drei Romanen – *Red Harvest, The Dain Curse* und *The Maltese Falcon* –, die ihn um 1930 auf die literarische Szene katapultierten, war Hammett nach den Worten Lillian Hellmans, die ihn damals kennenlernte, »the hottest thing in Hollywood and New York«. Für den lebensneugierigen, hinter seiner Kaltschnäuzigkeit doch verletzbaren Hammett war die Filmmetropole eine ungeheuerliche Herausforderung und eine mächtige intellektuelle Enttäuschung. Er warf sich mit Vehemenz in die Arbeit mit den Filmleuten, bei denen er mit Drehbüchern, Dialogen und dramatischen Ideen sofort ankam. Er stürzte sich auch in den gesellschaftlichen Rummel mit den Produzenten und den Stars, wo trinkende Schriftsteller zum festen Bestand gehörten. Im Frühling 1931 versuchte Hammett auf der Höhe seines Erfolgs – nach amerikanischem Maß – sich das Leben zu nehmen.

Dieser erste Selbstmordversuch war der Vorbote einer immer noch unerklärten Wende in der Einstellung Hammetts zu seiner Schriftstellerarbeit und zum Leben überhaupt. Der einst mit ungeheurem Lebenswillen gegen die Krankheit kämpfende und unter schwierigen Umständen die literarische Vollendung anstrebende junge Mann verschleuderte nun rücksichtslos seine Energien und sein Talent. *The Thin Man* war sein letztes größeres Werk, das seine ganze literarische Schaffenskraft dokumentierte, danach kamen nur ein paar – gute – Erzählungen und ein Romanfragment, *Tulip,* das eine gewöhnliche Geschichte, ohne Morde und ohne Detektive, sein sollte, und an dem Hammett bis zu seinem Tod im Januar 1961 arbeitete.

In einem Brief von 1937 an Lillian Hellman schrieb Hammett: »Ich weiß genau so gut wie Du, daß im Moment das Wenige an Einbildungskraft, das ich besitze, verbraucht ist.« Einmal sagte er, der Widerspruch zwischen dem, was die Menschen sagten, und dem, was die Menschen täten, verwirre ihn so sehr, daß er zum Alkohol Zuflucht nehmen müsse. Einem der wenigen Journalisten, die ihn noch 1957 besuchten, erklärte er: »Ich gab das Schreiben auf, als ich herausfand, daß ich mich wiederholte. Der Anfang des Endes ist wenn du entdeckst, daß du einen Stil hast.«

Der Rückzug Hammetts, der sich auf viel mehr als nur auf die Literatur und den Erfolg ausdehnte, war, wie das endgültige Schweigen des jungen Rimbaud nach 1874, der Wahnsinn Hölderlins oder der Selbstmord Kleists, eines jener Geheimnisse, die an der Wurzel der Symbiose von Kunst und Leben liegen und nur aus dem Werk des Künstlers selbst erklärt werden dürfen. »I have retired from the glittering scene to meditate on the fleeting character of earthly possessions«, schrieb Henry James 1880 aus der Zurückgezogenheit von Mentmore. Dashiell Hammett hätte aus seiner Einsamkeit in Katonah, wo er die letzten Jahre seines Lebens verbrachte, ähnliche Gedanken äußern können. Nur hätten sie in der gedrängten, leidenschaftlichen Sprache des *Sam Spade* anders ausgesehen.

Dashiell Hammett, vermutlich nach 1955

Walt Whitman
Ich singe das Selbst

Ich singe das Selbst, den Einzelmenschen,
Doch spreche das Wort »demokratisch« aus,
                das Wort »En masse«.

Ich singe Physiologie vom Scheitel bis zur Sohle,
Nicht Physiognomie noch Hirn allein ist würdig
                für die Muse,
Ich sage, viel würdiger noch ist die ganze Gestalt,
Ich singe das Weibliche gleichen Ranges mit
                dem Männlichen,

Das Leben, unermeßlich in Leidenschaft, Puls und Kraft,
Freudig, zu freiester Tat geformt nach göttlichem Gesetz,
Ich singe den modernen Menschen.

Evelyn Waugh

Evelyn Waugh

›Im 13. Jahrhundert hätte ich mich wohlgefühlt.‹

*Ein Gespräch mit
Julian Jebb*

Evelyn Waugh, geboren am 28. Oktober 1903 in London, war der zweite Sohn des bekannten Verlegers und Kritikers Arthur Waugh. Er studierte in Oxford, legte aber kein Examen ab.

Eine Biographie von Dante Gabriel Rossetti *(1928)* war sein erstes veröffentlichtes Werk, aber sein Roman Decline and Fall *(Auf der schiefen Ebene)*, der im selben Jahr erschien, begründete seinen Ruf. Ob seines Witzes, Scharfsinns und bissigen Stils nannte Edmund Wilson ihn »das einzige erstklassige komische Genie, das England seit Bernard Shaw hervorgebracht hat«. Decline and Fall *und einige der nachfolgenden satirischen Romane sind nach wie vor sehr beliebt:* Vile Bodies *(1930, Lust und Laster),* Black Mischief *(1932, Schwarzes Unheil),* A Handful of Dust *(1934, Eine Handvoll Staub),* Scoop *(1938, Der Knüller),* Put Out More Flags *(1942),* Scott-King's Modern Europe *(1947, Ferien in Europa),* The Loved One *(1948, Tod in Hollywood) und* The Ordeal of Gilbert Pinfold *(1958, Gilbert Pinfolds Höllenfahrt).*

In den dreißiger Jahren trat Waugh zum Katholizismus über. Im 2. Weltkrieg war er Offizier. Religion und Militärleben waren die zentralen Themen des Romans Brideshead Revisited *(1945, Wiedersehen mit Brideshead) und der Trilogie* Men at Arms *(1952),* Officers and Gentlemen *(1955, Ohne Furcht und Tadel) und* Unconditional Surrender *(1961). Waugh schrieb auch etliche Reisebücher, unter anderem* Labels *(1930),* Remote People *(1931),* Ninety-Two Days *(1934),* Waugh in Abyssinia *(1936),* Robbery Under Law: The Mexican Object Lesson *(1939)* und When the Going was Good *(1946)*; zwei Biographien: den streng katholisch gefärbten Edmund Campion *(1935)* und Ronald Knox *(1959)*; und schließlich zahlreiche Kurzgeschichten, die in drei Anthologien erschienen sind: Mr. Loveday's Little Outing and Other Sad Stories *(1936)*, Work Suspended *(1942)* und Tactical Exercise *(1954)*. Der erste Band seiner Autobiographie, A Little Learning, erschien 1964.

Waugh starb am 10. April 1966 in seinem Haus in Somerset.

Das folgende Interview fand an zwei aufeinanderfolgenden Tagen im April 1962 im Londoner Hyde Park Hotel statt.

Ich hatte Waugh in einem Brief um dieses Interview gebeten und dabei versprochen, kein Tonbandgerät mitzubringen. Aus seinen Äußerungen im ersten Teil von The Ordeal of Gilbert Pinfold *hatte ich geschlossen, daß er dagegen eine besondere Abneigung empfand.*

Wir trafen uns nachmittags um drei in der Hotelhalle. Waugh trug einen dunkelblauen Anzug mit dickem Mantel und schwarzem Homburg und hatte außer einem säuberlich geschnürten braunen Päckchen nichts bei sich. Nachdem er mir die Hand gegeben und erklärt hatte, das Interview werde in seinem Hotelzimmer stattfinden, lautete seine erste Frage: »Wo ist Ihr Tonbandgerät?«

Ich sagte, ich hätte keines bei mir.

»Haben Sie es verkauft?« *fragte er weiter, als wir in den Aufzug stiegen. Ich war recht verdutzt. Tatsächlich hatte ich einmal ein Tonbandgerät besessen, und tatsächlich hatte ich es vor drei Jahren verkauft, bevor ich ins Ausland ging. Doch das tat alles nichts zur Sache. Während wir langsam nach oben fuhren, setzte Waugh sein Kreuzverhör wegen des Geräts fort. Für wieviel ich es gekauft hätte? Für wieviel ich es verkauft hätte? Wem ich es verkauft hätte?*

»Können Sie denn stenographieren?« *fragte er, als wir aus dem Aufzug stiegen. Ich verneinte.*

»Dann war es sehr leichtsinnig, Ihr Gerät zu verkaufen, nicht?«

Er führte mich in ein gemütliches, zweckmäßig möbliertes Zimmer mit schönem Blick über die Bäume auf den Hyde Park. Während er im Zimmer umherging, sagte er zweimal leise vor sich hin: »Die Greuel des Londoner Lebens! Die Greuel des Londoner Lebens!«

»Es stört Sie hoffentlich nicht, wenn ich mich ins Bett lege«, *meinte er, schon auf dem Weg ins Bad, von wo er mir dann eine Reihe von Kommentaren und Anweisungen gab:* »Werfen Sie mal einen Blick aus dem Fenster. Das ist das einzige Hotel in London, das noch einen zivilisierten Ausblick hat. ... Sehen Sie das braune Päckchen? Öffnen Sie es bitte.«

Ich tat's.
»Was ist darin?«
»Ein Kistchen Zigarren!«
»Rauchen Sie?«
»Ja. Ich rauche gerade eine Zigarette.«
»Ich finde Zigaretten im Schlafzimmer eklig. Möchten Sie nicht lieber eine Zigarre rauchen?«
Er kam in weißem Pyjama und Metallrandbrille wieder herein, nahm sich eine Zigarre, zündete sie an und legte sich ins Bett.
Ich setzte mich in einen Sessel am Fußende des Bettes und versuchte mit Notizblock, Feder und riesiger Zigarre zwischen Händen und Knien zu jonglieren.
»Von dort kann ich Sie nicht hören. Ziehen Sie diesen Sessel hierher.« *Er zeigte auf einen Sessel am Fenster, und ich räumte meine Utensilien um, während wir über gemeinsame Bekannte plauderten. Schon bald fragte er:* *»Wann soll die Inquisition beginnen?«*
Ich hatte eine Reihe ausführlicher Fragen vorbereitet – Spuren davon wird der Leser im Folgenden gewiß erkennen –, aber bald merkte ich, daß sie ihm nicht die erhofften langen, weitschweifigen Antworten entlockten. Das Frappierendste an seinen Beiträgen war die Art, wie er mit der Sprache umging: Seine gesprochenen Sätze waren so gewandt, präzise und abgerundet wie seine geschriebenen. Nie stockte er, und nicht einmal hatte man den Eindruck, daß er nach einem Wort suchte. Die Antworten, die er auf meine Fragen gab, kamen ohne Zögern und Vorbehalt, und jedesmal, wenn ich versuchte, ihn auf eine Antwort näher eingehen zu lassen, brachte er das zuvor Gesagte lediglich in einer neuen Formulierung.
Ich bin mir wohl bewußt, daß die folgenden Seiten sich von den meisten Paris Review-*Interviews deutlich unterscheiden: erstens in der Kürze, und zweitens ist es kein »in die Tiefe gehendes« Interview. Nach meiner persönlichen Meinung bot Waugh sich für diese Art des behutsamen psychologischen Auslotens, der Selbstanalyse, die viele andere Interviews kennzeichnet, weder als Schriftsteller noch als Mensch an. Er hätte jeden Versuch, sein Leben und seine Kunst vor der Öffentlichkeit auszubreiten, als Unverschämtheit empfunden, wie man vor einiger Zeit gut sehen konnte, als er in der Sendung »Face to Face« des englischen Fernsehens jeden derartigen Vorstoß mit kurzen, schlichten und wenn möglich einsilbigen Antworten parierte.*
Ich möchte jedoch gern etwas gegen das mythische Bild des arroganten, reaktionären Ungeheuers tun, das man sich von Evelyn Waugh macht. So sorgsam er es vermied, sich auf dem Markt des Literaturbetriebs zu tummeln, an Konferenzen und Preisverleihungen teilzunehmen und seinen Ruf zu pflegen, war er nichtsdesto-

weniger über seine Zeitgenossen bestens informiert und hatte eine entschiedene Meinung über sie. Während der drei Stunden, die ich bei ihm verbrachte, war er jederzeit hilfsbereit, aufmerksam und höflich und gestattete sich nur hin und wieder einen kleinen Anflug ironischen Unmuts, wenn er meine Fragen für irrelevant oder schlecht formuliert hielt.

Haben Sie sich vor Decline and Fall *auch schon an andern Romanen versucht?*

Mein erstes fiktives Werk habe ich mit sieben Jahren geschrieben: *The Curse of the Horse Race* (Der Fluch des Pferderennens). Es war sehr lebendig und spannend. Dann, lassen Sie mich überlegen, kam *The World to Come* (Die künftige Welt), geschrieben im Metrum des Hiawatha. In der Schule schrieb ich dann einen zwölf Seiten langen Roman über das moderne Schulleben. Er war unerträglich schlecht.

Haben Sie in Oxford einen Roman geschrieben? Nein. Nur Sketche für den *Cherwell* und noch eine Zeitung, die Harold Acton herausgab – *Broom* hieß sie. Die *Isis* war das offizielle Organ der Studenten: langweilig und bieder, geschrieben für Biertrinker und Rugbyspieler. Der *Cherwell* war etwas frivoler.

Stammt aus dieser Zeit die Rossetti-Biographie?

Nein. Ich habe Oxford ohne Abschluß verlassen und wollte Maler werden. Mein Vater bezahlte meine Schulden, und ich versuchte mich als Maler. Ich scheiterte, weil ich weder das Talent noch den Eifer besaß – ich hatte eben nicht die moralischen Qualitäten.

Und dann?

Dann wurde ich Grundschullehrer. Das war sehr lustig und hat mir viel Spaß gemacht. Im Laufe von fast zwei Jahren unterrichtete ich an zwei Privatschulen, und in der Zeit begann ich einen Oxford-Roman, an dem nichts dran war. Nachdem ich wegen Trunkenheit von der zweiten Schule geflogen war, kehrte ich mittellos zu meinem Vater zurück. Ich ging meinen Freund Anthony Powell besuchen, der damals beim Verlag Duckworths arbeitete, und sagte zu ihm: »Ich verhungere.« (Das stimmte nicht, weil mein Vater mich ernährte.) Der Verlagsleiter war bereit, mir für eine kurze Rossetti-Biographie fünfzig Pfund zu zahlen. Ich war entzückt, denn fünfzig Pfund waren damals sehr viel. Also raste ich davon und rasselte die Biographie herunter. Das Ergebnis war schludrig und schlecht. Ich habe keine Neuauflage mehr gestattet. Dann schrieb ich *Decline and Fall*. Darin habe ich gewissermaßen meine Erfahrungen als Schulmeister verarbeitet, obwohl es mir an der Schule viel besser ergangen war als meinem Helden.

Kam Vile Bodies *unmittelbar danach?*

Ich ging so etwas wie eine Ehe ein und reiste in dieser Begleitung ein paar Monate in Europa herum. Über die Reisen schrieb ich Berichte, die zu Büchern zusammengeschustert wurden und die Reisen bezahlten, aber übrig blieb davon nichts. Ich war mitten in der Arbeit an *Vile Bodies,* als sie mich verließ. Es war ein schlechtes Buch, glaube ich, nicht so sorgfältig konstruiert wie das erste. Vereinzelte Szenen zogen sich zu sehr in die Länge – die Unterhaltung im Zug zwischen diesen beiden Frauen, die Filmvorführungen des vertrottelten Vaters.

Ich glaube, die meisten Ihrer Leser sehen diese beiden Romane miteinander in engem Zusammenhang. Und ich denke, die Mehrzahl von uns würde gar nicht bemerken, daß das zweite schwächer konstruiert ist.
  (Energisch) Ist es aber. Außerdem war es aus zweiter Hand. Für die Szene am Zoll habe ich viel bei Firbank abgeguckt. Ich habe eine modische Sprache popularisiert, wie es die Beatnik-Schreiber heute tun, und das Buch kam an.

Beruhten die beiden Bücher Ihrer Meinung nach jeweils auf verschiedenen Ideen, verschiedenen Ausgangspunkten? Beginnen Sie zum Beispiel einmal mit einer Figur, ein andermal mit einem Ereignis oder Umstand? Waren etwa die Verwicklungen einer adligen Scheidung für Sie das Entscheidende in A Handful of Dust, *oder sind Sie mehr von Tonys Charakter und seinem letztlichen Schicksal ausgegangen?*
  Ich habe einmal eine Geschichte mit dem Titel *The Man Who Liked Dickens* geschrieben, die mit dem Schlußteil des Buchs identisch ist. Etwa zwei Jahre, nachdem ich sie geschrieben hatte, begann ich mich dafür zu interessieren, welche Umstände eine solche Persönlichkeit hervorgebracht haben könnten; in seinem Delirium schimmerte etwas durch, was ein Hinweis auf sein früheres Leben gewesen sein könnte, und dem bin ich nachgegangen.

Sind Sie in den dazwischenliegenden zwei Jahren immer wieder auf diese Geschichte zurückgekommen?
  Sie hat mich nicht im Schlaf verfolgt, falls Sie das meinen. Ich war nur neugierig. Sie können die Originalgeschichte in einer Sammlung nachlesen, die Alfred Hitchcock zusammengestellt hat.

Sind Ihnen diese frühen Romane leicht von der Hand gegangen?
  Sechs Wochen Arbeit.

Einschließlich Überarbeitungen?
  Ja.

Schreiben Sie heute noch mit der gleichen Leichtigkeit und Schnelligkeit?
  Mit dem Älterwerden bin ich langsamer geworden. Für *Men at Arms* habe ich ein Jahr gebraucht. Das Gedächtnis läßt so sehr nach. Früher konnte ich ein ganzes Buch im Kopf behalten; heute muß ich, wenn ich während des Schreibens nur einen Spaziergang mache, schnell nach Hause laufen und etwas korrigieren, bevor ich es vergesse.

Meinen Sie damit, daß Sie ein Jahr lang täglich ein bißchen, oder daß Sie in konzentrierten Perioden gearbeitet haben?

In konzentrierten Perioden. Sechs bis sieben Seiten sind ein gutes Tagespensum.

E. M. Forster hat einmal von »flachen Charakteren und runden Charakteren« gesprochen. Wenn Sie dieser Unterscheidung zustimmen, würden sie dann auch einräumen, daß Sie vor A Handful of Dust keine »runden« Charaktere geschaffen haben?

Alle fiktiven Charaktere sind flach. Ein Schriftsteller kann räumliche Tiefe vortäuschen, indem er ein scheinbar stereoskopisches Bild von einer Figur zeichnet – sie von zwei verschiedenen Seiten betrachten läßt; er kann aber nur mehr oder weniger Informationen über eine Person geben, nicht Informationen verschiedener Ordnung.

Dann machen Sie keinen radikalen Unterschied zwischen zwei so unterschiedlich konzipierten Charakteren wie Mr. Prendegast und Sebastian Flyte?

O doch. Da sind einmal die Protagonisten und dann die andern Personen, die nur Staffage sind. Von der Staffage zeigt man nur einen Aspekt. Sebastian Flyte war ein Protagonist.

Würden Sie dann sagen, daß Charles Ryder die Figur ist, über die Sie die meisten Informationen gegeben haben?

Nein, Guy Crouchback. (Ein wenig unruhig): Aber hören Sie mal, ich finde, Ihre Fragen befassen sich viel zu sehr mit der Schaffung von Personen und zu wenig mit der Technik des Schreibens. Ich begreife Schreiben nicht als die Analyse eines Charakters, sondern als Übung im Gebrauch der Sprache, und um den dreht sich bei mir alles. Ich habe gar kein theoretisches Interesse an der Psychologie. Mich interessieren das Drama, die Sprache, die Ereignisse.

Das heißt, daß Sie unaufhörlich daran herumfeilen und experimentieren?

Experimentieren? Gott behüte! Sehen Sie sich doch an, wohin das Experimentieren bei einem Schriftsteller wie Joyce führt. Anfangs hat er sehr gut geschrieben, und von da an kann man beobachten, wie er vor Eitelkeit durchdreht. Am Ende ist er ein Irrer.

Früheren Äußerungen von Ihnen entnehme ich, daß Sie das Schreiben nicht als ein schwieriges Unterfangen ansehen.

Ich finde es nicht leicht. Sehen Sie, in meinem Kopf gehen unablässig Worte herum; manche Leute denken in Bildern, andere in Ideen. Ich denke ausschließlich in Worten. Bis ich soweit bin, daß ich meine Feder ins Tintenfaß tauche, haben diese Worte einen Grad der Ordnung erreicht, den man vorzeigen kann.

Vielleicht erklärt das, warum Gilbert Pinfold von Stimmen verfolgt wurde – körperlosen Worten?

Ja, das stimmt – das manifest gewordene Wort.

Können Sie etwas über die direkten Einflüsse auf Ihren Stil sagen? Haben bestimmte Schriftsteller des 19. Jahrhunderts Sie beeinflußt? Zum Beispiel Samuel Butler?

Sie waren die Grundlage meiner Erziehung, und insofern wurde ich natürlich von ihnen beeinflußt, indem ich sie las. P. G. Wodehouse hat meinen Stil unmittelbar beeinflußt. Dann ein kleines Buch von E. M. Forster, *Pharos and Pharillon* – Skizzen zur Geschichte Alexandriens. Ich glaube, daß Hemingway in seinem ersten Roman, *The Sun Also Rises*, wahre Entdeckungen im Umgang mit der Sprache gemacht hat. Vor allem habe ich bewundert, wie er Betrunkene reden ließ.

Und Ronald Firbank?

Den habe ich sehr bewundert, als ich jung war. Jetzt kann ich ihn nicht mehr lesen.

Warum?

Ich finde, an einem älteren Mann, der sich noch an Firbank erfreut, kann etwas nicht stimmen.

Wen lesen Sie zum Vergnügen?

Anthony Powell. Ronald Knox sowohl zum Vergnügen wie zur moralischen Erbauung. Erle Stanley Gardner.

Und Raymond Chandler!

Nein. Die vielen Pullen Whisky langweilen mich. Und an der vielen Gewalt kann ich auch nichts finden.

Aber kommt Gewalt nicht auch sehr ausgiebig bei Gardner vor?

Nicht diese äußerliche, lüsterne Art von Gewalt wie bei andern amerikanischen Krimi-Autoren.

Was halten Sie von andern amerikanischen Autoren, zum Beispiel Scott Fitzgerald oder William Faulkner?

Ich habe den ersten Teil von *Tender Is the Night* genossen. Faulkner finde ich unerträglich schlecht.

Es ist offenkundig, daß Sie die Autorität etablierter Institutionen – der katholischen Kirche und der Armee – in Ehren halten. Würden Sie zustimmen, daß Brideshead Revisited *und die Militärtrilogie gewissermaßen Ausdruck dieser Bewunderung sind?*

Nein, bestimmt nicht. Ich ehre die katholische Kirche, weil sie wahr ist, nicht weil sie etabliert oder eine Institution ist. *Men of Arms* war eine Art Antiverehrung, die Geschichte der Desillusionierung Guy Crouchbacks vom Militär. Guy hat altmodische Ansichten von Ehre und hängt Illusionen von Ritterlichkeit nach; wir sehen, wie beides durch seine Begegnung mit der Realität des Militärlebens verbraucht und zerstört wird.

Würden Sie sagen, daß diese Militärtrilogie eine unmittelbare Moral hat?

Ja, ich gehe davon aus, daß es im Leben jedes Menschen eine moralische Zielrichtung, eine Chance der

Erlösung gibt. Sie kennen ja das alte protestantische Kirchenlied: »Once to every man and nation/ Comes the moment to decide.« (Einmal kommt für jeden Menschen, jedes Volk, der Augenblick, sich zu entscheiden.) Guy bekommt seine Chance, indem er die Verantwortung für Trimmers Kind übernimmt und dafür sorgt, daß es nicht von seiner liederlichen Mutter erzogen wird. Er ist im Grunde ein selbstloser Mensch.

Können Sie etwas über die Konzeption dieser Trilogie sagen? Haben Sie sich an einen zu Anfang aufgestellten Plan gehalten?

Ich habe beim Schreiben vieles geändert. Ursprünglich hatte ich den zweiten Band, *Officers and Gentlemen*, als zwei Bände geplant. Dann beschloß ich, sie zusammenzufassen und in einem zu erledigen. Da gibt es eine sehr schlechte Überleitungspassage an Bord des Truppentransportschiffs. Der dritte Band entstand ganz einfach aus der Notwendigkeit, Ludovic zu erklären. Wie sich zeigte, hatten alle drei Bände eine Gemeinsamkeit, weil in jedem eine unwichtige, lächerliche Person vorkam, die das Ganze zusammenhielt.

Wenn also das ganze Konzept der Trilogie, wie Sie sagen, auch nicht klar ausgearbeitet war, bevor Sie mit dem Schreiben anfingen – gab es nicht doch dieses oder jenes, was von Anfang an da war?

Doch. Das Schwert in der italienischen Kirche wie auch das Schwert von Stalingrad waren, wie Sie es ausdrücken, von Anfang an da.

Können Sie etwas über die Entstehung der Idee zu Brideshead Revisited *sagen?*

Das Buch war weitgehend ein Kind seiner Zeit. Wäre es nicht gerade zu dieser Zeit geschrieben worden, in einer sehr schlechten Zeit des Krieges, als es nichts zu essen gab, so wäre es ein anderes Buch geworden. Daß es so voll von ausführlichen Beschreibungen – unersättlicher Schwelgerei – ist, folgt unmittelbar aus den Entbehrungen und Härten dieser Zeit.

Haben Sie je aus einer Besprechung Ihres Werks eine Erkenntnis oder Hilfe bezogen? Zum Beispiel von Edmund Wilson?

Ist er Amerikaner?

Ja.

Ich finde das, was Kritiker zu sagen haben, nicht sehr interessant, Sie etwa? Den Zustand der Literaturkritik in England finde ich allgemein miserabel – oberflächlich und wichtigtuerisch. Ich habe mich als junger Mann beim Kritisieren an die Regel gehalten, nie etwas Nachteiliges über ein Buch zu schreiben, das ich nicht gelesen hatte. Selbst gegen diese simple Regel wird, wie ich feststelle, heutzutage eklatant verstoßen. Natürlich ist mir die Cambridge-Schule der Buchkritik, die sich so abschreckend elegant gibt und wo einer den andern in der Umständlichkeit der Formulierung zu übertreffen sucht, ein Greuel. Ansonsten freue ich mich, wenn Freunde meine Bücher gut finden.

Halten Sie es für gerecht, wenn man Sie als reaktionär bezeichnet?
Ein Künstler muß reaktionär sein. Er muß sich gegen den Strom der Zeiten stemmen und darf nicht darin mitpaddeln; er muß etwas an Opposition zu bieten haben. Selbst die großen viktorianischen Künstler waren allesamt antiviktorianisch, trotz des Drucks zur Konformität.

Und Dickens? Obwohl er soziale Reformen predigte, war ihm sein öffentliches Ansehen doch sehr wichtig.
Oh, das ist etwas ganz anderes. Dickens liebte Schmeicheleien und große Auftritte. Trotzdem war er durch und durch antiviktorianisch.

Gibt es, abgesehen von der heutigen, irgendeine geschichtliche Epoche, in der Sie gern gelebt hätten?
Im siebzehnten Jahrhundert. Ich glaube, das war die Zeit der größten Dramen und Romanzen. Auch im dreizehnten Jahrhundert hätte ich mich wohlgefühlt, glaube ich.

Sie haben in Ihren Romanen so viele verschiedene Charaktere geschaffen, aber es fällt auf, daß Sie nie einen Menschen aus der Arbeiterklasse sympathisch oder wenigstens vollständig beschrieben haben. Gibt es dafür einen Grund?
Ich kenne die Leute nicht und interessiere mich nicht dafür. Bis Mitte des neunzehnten Jahrhunderts kommen sie bei überhaupt keinem Schriftsteller vor, höchstens als groteske Figuren oder idyllische Dekoration. Als die Arbeiter dann das Wahlrecht bekamen, fingen einige Autoren an, sich bei ihnen anzubiedern.

Und Pistol? . . . Oder viel später Moll Flanders und –
Ach, die Kriminellen! Das ist etwas anderes. Von denen ging schon immer eine gewisse Faszination aus.

Darf ich fragen, was Sie zur Zeit schreiben?
Eine Autobiographie.

Wird sie in der Form konventionell sein?
Sehr.

Und gibt es Bücher, die Sie gern geschrieben hätten, aber unmöglich zu schreiben fanden?
Ich habe getan, was ich konnte. Ich habe mein Bestes getan.

Evelyn Waugh

Auf Posten

Eine Hundegeschichte

I

Millicent Blade nannte einen beachtlichen naturblonden Kopf ihr eigen; sie war fügsam und zärtlich, und ihr Mienenspiel konnte blitzesschnell zwischen Liebenswürdigkeit und Lachen, zwischen Lachen und respektvollem Interesse hin und her wechseln. Doch eines machte sie mehr als alles andere der sentimentalen angelsächsischen Männerwelt lieb und teuer, und das war ihre Nase.

Diese Nase war nun keineswegs nach jedermanns Geschmack; so mancher wünscht da etwas mehr Statur; für Maler war die Nase wenig reizvoll, war sie doch viel zu klein und gänzlich ohne Form, ein weicher Klecks ohne jegliches erkennbare Knochengerüst; eine Nase, kurz gesagt, die es ihrer Trägerin unmöglich machte, sich hochmütig oder imposant oder schlau zu geben. Es war keine Nase für eine Gouvernante oder Cellistin, nicht einmal für eine Postbeamtin, aber für Miss Blade war sie gerade recht, denn solch eine Nase vermochte durch die dünne, rauhe Schale englischer Männerherzen bis mittenhinein in ihren weichen, warmen Kern zu dringen; sie lenkte ihre Gedanken zurück in die Schulzeit und zu den mehlgesichtigen kleinen Mädchen, an die sie ihre ersten zarten Gefühle vergeudeten, zurück zu Umkleideraum und Kirche und verbeultem Strohhut. Zwar mag es stimmen, daß drei von fünf Engländern mit der Zeit auf diese Erinnerungen herabblicken und Nasen bevorzugen, die in der Öffentlichkeit mehr hermachen, doch zwei von fünf – das ist ein Schnitt, mit dem ein Mädchen von bescheidenem Vermögen wohl einigermaßen zufrieden sein kann.

Hector küßte sie ehrfürchtig auf die Nasenspitze. Und sowie er das getan hatte, begannen seine Sinne wild im Kreis zu wirbeln, und er sah im momentanen Taumel das schwindende Licht eines Novembernachmittags und die kalten Nebel über dem Rugbyplatz; überhitzte Jünglinge im Gedränge um den Ball; unterkühlte Jünglinge hinter den Linien, wo sie ihre kalten Füße auf den Planken vertraten, sich die Finger warmrieben und, wenn sie gerade keine Krümel mehr im Mund hatten, ihre Mannschaft zu größerem Eifer anfeuerten.

»Du wirst doch auf mich warten?« fragte er.
»Ja, Liebster.«
»Und mir schreiben?«
»Ja, Liebster«, antwortete sie, schon weniger entschieden, »manchmal ... wenigstens werde ich's versuchen. Du weißt ja, Schreiben ist nicht meine Stärke.«
»Ich werde die ganze Zeit *da unten* an dich denken«, sagte Hector. »Es wird schrecklich sein – Meilen unpassierbarer Karrenpfade zwischen mir und den nächsten Weißen, blendende Sonne, Löwen, Moskitos, feindselige Eingeborene, Arbeit von Sonnenauf- bis -untergang, ich allein gegen die Gewalten der Natur, Fieber, Cholera ... Aber

ich werde bald nach dir schicken und dich zu mir holen können.«

»Ja, Liebster.«

»Es muß gutgehen. Ich habe es alles mit Beckthorpe durchgesprochen – das ist der Mann, der mir die Farm verkauft hat. Weißt du, bisher ist nie etwas aus der Ernte geworden – erst Kaffee, dann Sisal, dann Tabak, sonst kann man ja dort nichts anbauen; in dem Jahr, als er Sisal anbaute, verdienten alle andern sich mit Tabak dumm und dämlich, nur mit Sisal war nichts; dann pflanzte er Tabak an, aber da hätte er Kaffee anbauen sollen, und so weiter. Neun Jahre hat er durchgehalten. Also, und wenn man es mathematisch durchrechnet, sagt Beckthorpe, muß man im Durchschnitt alle drei Jahre das Richtige treffen. Warum das so ist, kann ich dir auch nicht genau erklären, aber es ist so ähnlich wie beim Roulette und solchen Sachen.«

»Ja, Liebster.«

Hector starrte auf die formlose, bewegliche kleine Knopfnase und war wieder ganz weit weg... »Auf sie mit Gebrüll!«... und nach der Schlacht der Duft der auf dem Gaskocher in seinem Zimmer röstenden Pfannkuchen...

2

Am Abend dinierte er mit Beckthorpe, und über dem Essen wurde er immer verzagter.

»Morgen um diese Zeit bin ich auf See«, sagte er und drehte sein leeres Glas zwischen den Fingern.

»Kopf hoch, Junge«, sagte Beckthorpe.

Hector schenkte sich einen neuen Portwein ein und blickte sich mit wachsendem Mißbehagen in dem stinkenden Speisesaal von Beckthorpes Club um. Das letzte ehrwürdige Mitglied war gegangen, und sie waren mit dem kalten Büffet allein.

»Sehen Sie, ich hab das mal nachzurechnen versucht. Sie sagten doch, *drei* Jahre muß man warten, bis die Ernte stimmt, nicht wahr?«

»Ganz recht, mein Lieber.«

»Also, das hab ich noch mal nachgerechnet, und wie mir scheint, können es auch einundachtzig Jahre bis zur richtigen Ernte sein.«

»Nein, nein, mein Lieber! Drei oder neun, allerhöchstens siebenundzwanzig.«

»Sind Sie ganz sicher?«

»Ganz sicher.«

»Gut ... Wissen Sie, es ist so schrecklich, Milly hier zurückzulassen. Wenn es nun *doch* einundachtzig Jahre dauert, bis die Ernte stimmt? Man kann von einem Mädchen schlecht verlangen, so lange zu warten. Es könnte irgendein anderer daherkommen, Sie verstehen.«

»Im Mittelalter hatte man dafür Keuschheitsgürtel.«

»Ja, ich weiß. Daran habe ich auch schon gedacht. Aber die scheinen doch teuflisch unbequem zu sein. Ich glaube kaum, daß Milly einen tragen würde, selbst wenn ich an so etwas heranzukommen wüßte.«

»Ich will Ihnen etwas sagen, mein Lieber. Sie sollten ihr etwas schenken.«

»Mein Gott, ich schenke ihr doch immerzu etwas. Entweder geht es kaputt, oder sie verliert es oder weiß nicht mehr, woher sie es hat.«

»Dann muß es etwas sein, was sie immer um sich hat; was die Zeit überdauert.«

»Einundachtzig Jahre?«

»Höchstens siebenundzwanzig. Es sollte sie immer an Sie erinnern.«

»Ich könnte ihr ein Photo von mir schenken – aber in siebenundzwanzig Jahren könnte ich mich ein wenig verändern.«

»Nein, das wäre sehr unpassend. Ein Photo taugt nichts. Ich weiß, was ich ihr schenken würde. Einen Hund.«

»Einen Hund?«

»Einen gesunden jungen Welpen, der über die Staupe weg ist und noch lange leben kann. Sie könnte ihn sogar Hector nennen.«

»Ob das gut ist, Beckthorpe?«

»Etwas Besseres gibt es nicht, mein Lieber.«

So eilte Hector dann am nächsten Morgen, ehe er in den Schiffszug stieg, zu einem dieser riesenhaften Londoner Kaufhäuser und ließ sich in die Tierabteilung führen. »Ich möchte ein Hündchen.«

»Sehr wohl, mein Herr. Soll es eine bestimmte Rasse sein?«

»Lange leben soll es. Einundachtzig Jahre, oder mindestens siebenundzwanzig.«

Der Verkäufer machte ein zweifelndes Gesicht. »Wir haben zwar hier ein paar schöne, gesunde Welpen«, meinte er, »aber eine Garantie können wir natürlich auf keinen geben. Wenn es Ihnen jedoch auf Langlebigkeit ankommt, kann ich Ihnen vielleicht zu einer Schildkröte raten. Die werden ungemein alt und bewegen sich sehr sicher im Verkehr.«

»Nein, es muß ein Hund sein.«

»Oder vielleicht ein Papagei?«

»Nein, nein, ein Hund. Am besten sollte er Hector heißen.«

Sie gingen an den Affen und Katzen und Kakadus vorbei und kamen in die Hundeabteilung, die selbst zu dieser frühen Morgenstunde schon eine kleine Gemeinde verzückter Bewunderer angelockt hatte. Hier warben in verdrahteten Käfigen Hündchen aller Sorten mit gespitzten Ohren und wedelnden Schwänzen geräuschvoll um Beachtung. Hector fischte aufs Geratewohl einen Pudel heraus, und während der Verkäufer das Wechselgeld holen ging, bückte er sich, um mit dem Tier seiner Wahl eine kurze, ernste Zwiesprache zu halten. Er sah ihm tief in das schlaue Gesichtchen, wich mit knapper Not den plötzlich zuschnappenden Zähnen aus und sagte feierlich:

»Hector, du wirst mir gut auf Milly aufpassen. Gib acht, daß sie niemand andern heiratet, bevor ich zurück bin.«

Und Hündchen Hector wedelte mit dem Quastenschwanz.

3

Millicent, die ihn zum Zug bringen wollte, fuhr gedankenlos zum falschen Bahnhof, aber das machte nichts, denn sie war ohnehin zwanzig Minuten zu spät. Hector und der Pudel standen an der Sperre und hielten nach ihr Ausschau, und erst als der Zug sich schon in Bewegung setzte, drückte er das Tierchen Beckthorpe in den Arm und wies ihn an, es bei Millicent abzuliefern. Im Gepäcknetz über ihm lagen Koffer mit der Zielangabe MOMBASA und der Aufschrift REISEGEPÄCK. Hector kam sich sehr vernachlässigt vor.

Am Abend, als das Schiff stampfend und schlingernd die Leuchttürme zum Ärmelkanal passierte, erhielt er ein

Funktelegramm: WEGEN MISSGESCHICK UNTROESTLICH – WIE DUMM NACH PADDINGTON GEHETZT – DANKE FUER SUESSES HUENDCHEN – LIEBE ES SEHR – VATER WUETEND – MOECHTE BALD VON FARM HOEREN – FALL NICHT AUF SCHIFFSSIRENE REIN – ALLES LIEBE MILLY.

Auf dem Roten Meer bekam er das zweite: FERNHALTEN VON SIRENEN – HUENDCHEN HAT GEWISSEN MIKE GEBISSEN.

Und danach hörte Hector nichts mehr von Millicent, abgesehen von einer Weihnachtskarte, die Ende Februar eintraf.

4

Meist währte Millicents Interesse an einem bestimmten jungen Mann etwa vier Monate. Je nachdem, wie weit er es in dieser Zeit gebracht hatte, erlosch es dann mehr oder weniger plötzlich. Ihrer Zuneigung zu Hector hätte die Stunde gerade zum Zeitpunkt ihrer Verlobung schlagen sollen, so aber zog sie sich noch drei Wochen künstlich in die Länge, während er sich eifrig und mit ansteckendem Ernst um eine Anstellung in England bemühte; doch mit seiner Abreise nach Kenia endete sie abrupt, und so begannen Hündchen Hectors Pflichten bereits am ersten Tag im neuen Heim. Er war sehr jung für eine solche Aufgabe und gänzlich unerfahren; deshalb kann man ihm den Fehler, den er im Falle Mike Boswell beging, unmöglich zum Vorwurf machen.

Besagter junger Mann unterhielt mit Millicent seit dem Tag ihres Debüts eine völlig unromantische Freundschaft. Er kannte ihre blonden Haare bei jedem Licht und in jeder

Umgebung, gekrönt mit den Hüten der jeweils neuesten Mode, verziert mit Bändern und geschmückt mit Kämmen oder keck mit Blumen besteckt; ihre Nase hatte er sie bei jedem Wetter in die Luft recken sehen, sogar schon scherzhaft mit Daumen und Zeigefinger hineingekniffen – aber nie hatte er sich im allermindesten zu ihr hingezogen gefühlt, nicht einen Augenblick.

Das alles konnte Hündchen Hector aber natürlich nicht wissen. Er wußte nur, daß er sich schon am zweiten Tag im Amt mit einem stattlichen Mann im heiratsfähigen Alter konfrontiert sah, dessen Vertrautheit mit der Gastgeberin im Kreise der Tierpflegerinnen, unter denen Hector aufgewachsen war, nur eine Deutung zuließ.

Die beiden jungen Leute tranken zusammen Tee. Hector beobachtete sie eine Weile vom Sofa aus und konnte nur mit Mühe ein Knurren unterdrücken. Als Mike sich dann im Verlauf einer kaum verständlichen Wechselrede vorbeugte und Millicents Knie tätschelte, war das Maß voll.

Es war kein ernsthafter Biß, eigentlich nur ein leichtes Zuschnappen; aber Hectors Zähnchen waren nadelspitz. Und nur weil Mike so schnell und erschrocken die Hand zurückriß, kam er zu Schaden; er fluchte laut und umwickelte die Hand mit einem Taschentuch, und erst als Millicent darauf bestand, enthüllte er schließlich die drei oder vier winzigen Wunden. Millicent schalt Hector und tröstete Mike und eilte zum Medizinschränkchen ihrer Mutter, um das Jodfläschchen zu holen.

Nun kann ein englischer Mann, selbst der phlegmatischste, sich nicht die Hand mit Jod betupfen lassen, ohne sich wenigstens vorübergehend zu verlieben.

Mike hatte die Nase schon unzählige Male gesehen, doch als sie sich an diesem Nachmittag über seinen lädierten

Daumen beugte und Millicent fragte: »Tu ich dir sehr weh?« ... und als die Nase sich ihm entgegenhob und Millicent sagte: »So, jetzt ist es wieder gut«, da sah Mike sie mit einemmal so verklärt, wie ihre Anbeter sie sahen, und von Stund an und weit über die ihm zugestandenen drei Monate hinaus war er Millicents bedingungsloser Verehrer.

Hündchen Hector sah das alles und begriff seinen Fehler. Und er beschloß, er wolle Millicent nie wieder Anlaß geben, nach der Jodflasche zu eilen.

5

Im großen und ganzen hatte er eine leichte Aufgabe, denn in aller Regel konnte man es getrost Millicents kapriziöser Natur überlassen, den jeweiligen Verehrer ohne jede Nachhilfe auf kurz oder lang bis aufs Blut zu reizen. Überdies hatte sie das Hündchen liebgewonnen. Sie bekam sehr regelmäßig Post von Hector, wöchentlich geschrieben und, je nach Postverbindung, in Vierer- oder Fünferpacken zugestellt. Sie öffnete sie immer und las sie manchmal auch von Anfang bis Ende, aber selten beeindruckte sie ihr Inhalt, und nach und nach geriet ihr Verfasser derart in Vergessenheit, daß sie, wenn Leute sich nach dem Befinden »des lieben Hector« erkundigten, gedankenlos antwortete: »Ich glaube, das heiße Wetter bekommt ihm nicht, und sein Fell ist auch gar nicht mehr schön. Wahrscheinlich müßte ich ihn mal trimmen lassen«, anstatt: »Er hatte einen Malariaanfall, und Schädlinge haben seine Tabakernte vernichtet.«

Hündchen Hector nutzte die ihm erwachsene Zuneigung aus und entwickelte eine Technik für den Umgang mit Millicents Verehrern. Nicht länger knurrte er sie an oder beschmutzte ihre Hose, denn solches führte nur dazu, daß er des Zimmers verwiesen wurde; dafür fiel es ihm jedoch zunehmend leichter, sich in den Mittelpunkt zu spielen.

Der Fünfuhrtee war die gefährlichste Tageszeit, denn da durfte Millicent in ihrem Wohnzimmer Freunde empfangen; heldenhaft simulierte Hector darum, obschon von Natur aus mehr für pikantes Fleischiges zu haben, eine Vorliebe für Würfelzucker. Nachdem er dies ohne Rücksicht auf seine Verdauung zu verstehen gegeben hatte, war es ihm ein Leichtes, Millicent für Kunststückchen zu gewinnen; er machte Männchen und Bitte-bitte, lag wie tot da oder stellte sich in die Ecke und legte eine Pfote ans Ohr.

»Wie buchstabiert man Zucker?« pflegte Millicent zu fragen, worauf Hector ums Teetischchen herum zur Zuckerschale ging, mit ernstem Blick die Nase daran legte und das glänzende Silber mit seinem feuchten Atem trübte.

»Er versteht alles«, erklärte Millicent dann triumphierend.

Wenn Kunststücke nichts fruchteten, begehrte Hector, hinausgelassen zu werden, und der jeweilige junge Mann sah sich genötigt, seine Rede zu unterbrechen und ihm die Tür zu öffnen. Kaum draußen, kratzte Hector an der Tür und winselte um Wiedereinlaß.

In Augenblicken höchster Not täuschte er Übelkeit vor – was ihm nach der unbekömmlichen Würfelzuckerdiät nicht sonderlich schwerfiel; dann reckte er den Hals und würgte geräuschvoll, bis Millicent ihn sich schnappte und in die Diele mit ihrem unempfindlicheren Marmorboden trug – doch die zärtliche Atmosphäre war bis dahin gründlich zerstört, und die an ihre Stelle getretene Stimmung war jeglicher Romantik abträglich.

Dieses über einen ganzen Nachmittag verteilte und bei jedem erkennbar werdenden Versuch des Gastes, das Gespräch auf intimere Bahnen zu lenken, liebenswürdig aufgedrängte Repertoire ging einem jungen Mann um den andern auf die Nerven, bis er ratlos und verzweifelt seiner Wege ging.

Jeden Morgen lag Hector auf Millicents Bett, während sie ihr Frühstück einnahm und die Tageszeitung las. Diese Stunde von zehn bis elf war dem Telefon geweiht, und es war die Stunde, zu der die jungen Männer, mit denen sie abends zuvor getanzt hatte, die Freundschaft zu erneuern und Pläne für den kommenden Tag zu machen suchten. Zuerst war Hector, nicht ohne Erfolg, bestrebt, diese Verabredungen zu verhindern, indem er sich in der Telefonschnur verhedderte, doch bald bot sich eine gewitztere und verletzendere Methode an. Er telefonierte einfach mit. Sowie es läutete, wedelte er mit dem Schwanz und legte auf eine, wie er gelernt hatte, sehr gewinnende Weise den Kopf schief. Und wenn Millicent dann das Gespräch begann, drängelte er sich unter ihren Arm und stupste mit der Schnauze an den Hörer.

»Paß mal auf«, sagte sie dann, »da will *noch* jemand mit dir sprechen. Ist er nicht goldig?« Damit reichte sie den Hörer nach unten, und sofort schlug dem jugen Mann am andern Ende ein ohrenzerfetzendes Bellen ans Ohr. Millicent gefiel das so, daß sie oft nicht einmal abwartete, bis sie den Namen des Anrufers erfuhr, sondern den Hörer gleich nach dem Abheben vor die schwarze Schnauze hielt, und manch bedauernswerter Jüngling, der sich eine halbe Meile weiter vielleicht um diese frühe Morgenstunde noch gar nicht richtig wohl in seiner Haut fühlte, ward niedergebellt, noch ehe er ein Wort gesagt hatte.

Andere junge Männer, die der Nase verfielen, lauerten Millicent im Hyde Park auf, wenn sie Hector ausführte. Zuerst verlief sich Hector dann, raufte mit andern Hunden oder biß kleine Kinder, nur damit man ihn keinen Moment aus den Augen lassen konnte; doch bald schlug er einen sanfteren Weg ein: Er bestand darauf, Millicents Handtasche zu tragen. Damit trottete er dann vor dem Paar her, und sowie er eine Störung für angezeigt hielt, ließ er die Tasche fallen; der junge Mann fühlte sich dann verpflichtet, sie aufzuheben und zuerst Millicent, dann auf ihr Verlangen dem Hund wieder auszuhändigen. Nur wenige junge Männer waren servil genug, um sich solch demütigenden Umständen für mehr als einen Spaziergang auszusetzen.

So vergingen zwei Jahre. Regelmäßig kamen Briefe aus Kenia, voll von Liebeserklärungen und kleinen Katastrophenmeldungen – Trockenfäule im Sisal, Heuschrecken im Kaffee, Ärger mit den Arbeitern, der Regionalverwaltung, dem Weltmarkt. Hin und wieder las Millicent den Brief laut dem Hund vor, meist ließ sie ihn ungelesen auf dem Frühstückstablett liegen. Sie und Hector wandelten gemeinsam durch den müßigen Alltag des englischen Gesellschaftslebens. Überall, wohin sie ihre Nase trug, verliebten sich prompt zwei von fünf heiratsfähigen Männern wenigstens vorübergehend; und überall, wohin ihr Hector folgte, wich die Leidenschaft bald Ärger, Scham und Widerwillen. Schon meinten Mütter selbstzufrieden, es sei doch eigenartig, daß diese hinreißende kleine Blade nicht unter die Haube komme.

6

Endlich, in Hectors drittem Herrschaftsjahr, präsentierte sich ihm ein neues Problem in Gestalt des Baronets und Unterhausabgeordneten Major Sir Alexander Dreadnought, und Hector sah sofort, daß er es da mit einem weitaus schwierigeren Fall zu tun bekam als allen, mit denen er sich bisher zu befassen gehabt hatte.

Sir Alexander war kein Jüngling mehr, sondern ein fünfundvierzigjähriger Witwer. Er war wohlhabend, angesehen und von übermenschlicher Geduld; außerdem stellte er etwas dar – immerhin war er Jagdmeister einer Meute in den Midlands, Staatssekretär und ein durch große Tapferkeit verdienter Krieger. Millicents Eltern sahen mit Entzükken, daß die Nase ihre Wirkung auf ihn tat. Hector, der augenblicklich eine tiefe Abneigung gegen ihn faßte, wandte alle seine in zweieinhalbjähriger Praxis vervollkommneten Tricks an und erreichte nichts. Schikanen, die einem Dutzend junger Männer schwersten Verdruß bereitet hatten, schienen Sir Alexanders zärtliche Fürsorge nur noch zu steigern. Wenn er Millicent abends abholen kam, hatte er die Taschen seines Abendanzugs immer voll Würfelzucker für Hector; wenn Hector sich erbrach, war Sir Alexander als erster bei ihm auf den Knien und breitete eine Seite der *Times* unter ihm aus; Hector fiel in frühere Unarten zurück und biß ihn verschiedentlich – und kräftig –, doch Sir Alexander meinte nur: »Ich glaube, ich mache das kleine Kerlchen eifersüchtig. Wie rührend!«

Die Wahrheit war nämlich, daß Sir Alexander solche Heimsuchungen von frühester Jugend an gewöhnt war – seine Eltern, Schwestern, Schulkameraden, sein Kompaniefeldwebel und sein Oberst, seine Kollegen in der Politik, seine Frau, sein Jagdmeister und seine Jagdgefährten sowie der Vorsitzende des Jagdclubs, sein Wahlagent, seine Wähler und sogar sein Privatsekretär im Parlament, sie alle miteinander hatten zu allen Zeiten auf Sir Alexander herumgetrampelt und er akzeptierte solche Behandlung als etwas Selbstverständliches. Für ihn war es das Natürlichste auf der Welt, daß ohrenbetäubendes Bellen ihn begrüßte, wenn er die Liebste seines Herzens anrief; er betrachtete es als ein großes Privileg, ihre Handtasche aufheben zu dürfen, wenn Hector sie im Hyde Park fallen ließ; die kleinen Wunden, die Hector seinen Knöcheln und Handgelenken beizubringen vermochte, trug er wie ritterliche Narben. In anspruchsvolleren Momenten sprach er in Millicents Hörweite von Hector als »mein kleiner Rivale«. An seinen Absichten konnte nicht der mindeste Zweifel bestehen, und als er Millicent und ihre Mama zu sich aufs Land einlud, setzte er als Fußnote unter den Brief: »Natürlich ist Hector ebenfalls eingeladen.«

Der von Samstag bis Montag dauernde Besuch bei Sir Alexander war für den Pudel ein einziger Alptraum. Er schuftete wie noch nie; jeder Kniff, mit dem er seine Anwesenheit verhaßt machen konnte, wurde vergebens versucht – vergebens, soweit es seinen Gastgeber betraf. Der übrige Haushalt reagierte durchaus richtig, und einmal bekam Hector einen schmerzhaften Tritt verpaßt, als er sich infolge eigener schlechter Regie mit dem zweiten Diener, den er zuvor beim Tee mit einem Tablett voll Geschirr erfolgreich zu Fall gebracht hatte, allein in einem Raum befand.

Demütig wurde hier ein Benehmen akzeptiert, das Millicent schon in Schimpf und Schande aus einem Dutzend angesehener englischer Häuser verbannt hatte. Es waren noch andere Hunde im Haus – ältere, ernste und wohlerzogene Tiere, auf die Hector sich stürzte; sie wandten ob seines trotzigen Gekläffs nur traurig die Köpfe ab; wenn er nach ihren Ohren schnappte, begaben sie sich gemessenen Schrittes außer Reichweite, und Sir Alexander ließ sie für die restliche Dauer des Besuchs einsperren.

Im Eßzimmer lag ein aufregender Aubusson-Teppich, dem Hector irreparablen Schaden zufügen konnte; doch Sir Alexander schien es nicht zur Kenntnis zu nehmen.

Hector fand im Park ein Aas, und obschon das seiner Natur eigentlich zuwider war, wälzte er sich gewissenhaft darin, um nach der Rückkehr sämtliche Sessel im Salon damit zu besudeln; Sir Alexander persönlich half Millicent, ihn zu baden, und brachte für das Unternehmen sogar das Badesalz aus seinem eigenen Bad.

Hector heulte die ganze Nacht; er versteckte sich und ließ den ganzen Haushalt mit Laternen nach ihm suchen; er biß ein paar junge Fasane tot und wagte einen verwegenen Angriff auf einen Pfau. Nichts fruchtete. Zwar vermochte er einen tatsächlichen Heiratsantrag noch zu vereiteln – einmal in einer Gartenecke, einmal auf dem Weg zu den Ställen und einmal, während er gebadet wurde –, doch als er Sir Alexander am Montagmorgen sagen hörte: »Hoffentlich hat Hector der Besuch ein bißchen gefallen. Ich möchte ihn noch *sehr, sehr* oft hier sehen«, da wußte Hector, daß er geschlagen war.

Es war nur noch eine Frage der Zeit. Abends in London konnte er Millicent unmöglich ständig im Auge behalten, und so würde er denn eines schönen Tages aufwachen und Millicent ihren Freundinnen am Telefon die frohe Botschaft ihrer Verlobung verkünden hören.

So kam es, daß er nach langem Loyalitätskonflikt einen verzweifelten Entschluß faßte. Er hatte seine junge Herrin ja liebgewonnen; so manches Mal, wenn sie ihr Gesicht an seines drückte, hatte er mit all den jungen Männern gefühlt, die zu schikanieren seine Pflicht war. Aber Hector war kein charakterloser Köter. Nach dem Ehrenkodex aller wohlgeborenen Hunde zählt in erster Linie das Geld. Der Hand, die ihn kaufte, nicht die ihn füttert und streichelt, ist er zuvörderst Treue schuldig. Die Hand, die einst in der Tierhandlung des großen Kaufhauses die Fünfer hingeblättert hatte, bestellte jetzt die unfruchtbare äquatorialafrikanische Erde, aber die geheiligten Worte seiner Amtseinsetzung hallten Hector noch in den Ohren nach. Während der ganzen Sonntagnacht und der Reise am Montagmorgen rang Hector mit seinem Problem; dann traf er seine schwere Entscheidung: *Die Nase muß ab.*

7

Es ging ganz leicht; ein einziger kräftiger Biß, als sie sich über sein Körbchen beugte, und das Werk war vollbracht. Sie ging zu einem Schönheitschirurgen und kam ein paar Wochen später ohne eine Narbe oder einen Stich zurück. Doch es war eine andere Nase; der Chirurg war ein Künstler in seiner Art, und, wie schon erwähnt, hatte Millicents Nase nichts, was einen Künstler reizen konnte. Nun besitzt sie einen schönen aristokratischen Erker – würdig der alten Jungfer, die zu werden sie im Begriff steht. Wie alle alten Jungfern wartet sie sehnsüchtig auf die Post aus dem Ausland und hält ein Kästchen voll niederschmetternder landwirtschaftlicher Meldungen sorgsam unter Verschluß; und wie alle alten Jungfern sieht man sie immer und überall in Begleitung eines alternden Schoßhunds.

Federico Fellini

Das Alter packt einen ganz plötzlich

Tja, ich bin vierundsechzig. Ich sage mir das immer wieder, um mich davon zu überzeugen, und dann horche ich gewissermaßen mit gespitzten Ohren in mich hinein, um herauszufinden, was sich eigentlich geändert hat, was da wohl eingerostet ist, verbeult ist, was also einer mit sechzig denkt und empfindet. In meiner ersten Zeit in Rom wohnte ich in einer Pension und hatte als Zimmernachbarn einen römischen Angestellten so um die Vierzig, der sehr darauf bedacht war, jünger zu wirken – ständig saß er beim Friseur, legte sich Umschläge und Gesichtsmasken mit Tonerde auf, sonntags blieb er den ganzen Tag im Bett, und abends ging er mit zwei Scheiben rohem Fleisch schlafen, für jede Wange eine, festgehalten von zwei Gummibändern. Morgens sah ich oft, wie er im Schlafrock aus seinem Zimmer kam, die Tür hinter sich schloß und ein paar Minuten reglos mit der Hand auf der Klinke verharrte, um die Tür dann plötzlich wieder aufzureißen und den Kopf ins Zimmer zu stecken. Neugierig geworden, habe ich ihn eines Morgens gefragt, warum er das denn tue. Zuerst schien er keine rechte Lust zu haben, mir zu antworten, aber dann blickte er mir entschlossen in die Augen und sagte schließlich, daß er mit diesem plötzlichen Hineinstecken des Kopfs ins Zimmer, nachdem die Tür eine Weile geschlossen war, feststellen wolle, ob es darin nach Alter rieche. Er forderte mich auf, einen Test zu machen, und zog langsam die Türe zu: »Schnuppern Sie mal, riecht es nach Alter?«

Seit einiger Zeit kommt mir jedesmal, wenn ich mein Schlafzimmer verlasse, dieser Typ in den Sinn, und ein paarmal habe ich auch schon die Tür des Zimmers, das ich gerade verlassen hatte, mit einem Schlag wieder aufgerissen und mit leichtem Herzklopfen hineingeschnüffelt.

»Das Alter«, sagt Simone de Beauvoir, »packt einen ganz plötzlich.« Das ist sehr wahr. Noch vorgestern war ich in jeder Gruppe und Gesellschaft, in jeder Tischrunde der Jüngste. Wie zum Teufel konnte es geschehen, daß ich innerhalb von ein paar Stunden, einem Tag, meinetwegen auch einer Woche auf einmal der Älteste geworden bin? Und doch scheint mir, als hätte ich mich nicht im geringsten verändert. Allenfalls vielleicht ein bißchen Schlaflosigkeit, ein nachlassendes Gedächtnis, eine herabgesetzte Disponibilität, die mich veranlaßt, gegen fünf Uhr nachmittags die Orgien und Schlemmereien, die ich morgens geplant hatte, aus meinem Programm zu streichen.

Wenn ich als Regisseur einen Vierundsechzigjährigen möglichst lebensnah in Szene setzen müßte, würde ich dem Schauspieler raten, leicht gebeugt zu gehen, hin und wieder zu husten, mit blinzelnden Augen zu schauen und beim Zuhören die zitternde Hand hinters Ohr zu halten – so, wie Flaiano und ich es vor dreißig Jahren gemacht haben, wenn wir herumalberten und so taten, als wären wir steinalt und im Altersheim untergebracht: »Schwester!« rief Flaiano, mühsam daherschlurfend, »ich hab in die Hose gekackt!« Ich spielte die Rolle einer deutschen Schwester, die wutentbrannt mit Bürste und Wassereimer angerannt kam und ihn abschrubbte, als sei er ein schmutziger kleiner Elefant. In einer anderen Szene spielten wir zwei alte Männer, die im Park Mädchen beobachten und sich dabei vor Vergnügen besabbern, aber gar nicht mehr wissen, was man mit Mädchen eigentlich so macht. Pinelli, der uns zusah, lachte – allerdings nicht übermäßig, er war nämlich etwas älter als wir.

Herbert Eisenreich

Aus nichts wird nichts als Ärger

*Die Leser halten das, was der
Autor sieht, für das,
was er denkt, anstatt für das,
was ihn irritiert.*

Eine junge Frau in einer Gesellschaft: »Wir haben es satt, die Lustobjekte der Männer zu sein!«

Ein Herr über fünfzig gab tief melancholisch die Antwort: »Und ich hab' mir nie was andres gewünscht, als ein Lustobjekt der Frauen zu sein.«

*

Zur Prostituierten eignet sich, aus berufsspezifischen technischen Gründen, allein die frigide Frau. Und diese geschlechtslose, also empfindungslose und also gefühlskalte, also nie liebende, wenn auch gleich immerzu koitierende Frau ist die einzige rein sich bewahrende Frau. Sie erlebt ja nichts, sie erleidet und lernt ja nichts, es bleibt alles außen, berührt wird allein die Haut, es sind Hautkontakte, Schleimhautkontakte, neutrale Berührungen wie mit den zehntausend Dingen des Alltags, deren Spuren man hinterher abwäscht. Die Prostituierte ist virgo zwar nicht intacta, aber integra.

*

Die Frau ist das Grammophon, der Mann die Platte.

*

Die Ehefrau, die nicht bemerkt, daß ihr Mann sie betrügt, die ist schon geschieden von ihm, also nicht mehr Ehefrau; also auch weder verächtlich noch zu bedauern; ihr selber ist's ja egal. Doch die Ehefrau, die den Ehebruch ihres Mannes nicht riecht, im ersten und deshalb im zweiten Wortsinn nicht riecht: die ist keine Frau und hat sich daher auch nichts Beßres verdient.

*

Mit dem Arsch wackeln mittels des Kopfes, das sind die Weiber, die es, seit alle studieren, nicht mehr gibt.

*

Die Uniform – ein und die selbe äußere Form – ist viel weniger Ausdruck als viel mehr Voraussetzung gleicher Haltung: Conditio sine qua non des gleichen Verhaltens. Das selbe, anders herum gesagt: Ohne Uniform – ohne die eine Form – keine Einheit der Haltung, also keine Einheitlichkeit des Verhaltens. Das wußte, natürlich, das Militär: das Feldgrau läßt uns als Gleiche nicht bloß erscheinen, sondern als Gleiche auch denken und handeln: es macht uns zu Gleichen. Und das wußten, natürlich erst recht, die Kirchen. Das wußten die Stände, das wußten die Zünfte. Sogar die Hippies, bei aller so praktizierten wie postulierten Stupidität, hatten noch eine Ahnung davon. Und trüge man auch bloß aus Mode jetzt einen Zylinder und dann eine Zipfelmütze am Kopfe, trägt man damit schon den Kopf à la mode.

Doch gerade, indem sie Gleichheit erzeugt und bezeugt, ist die Uniform äußerstes Mittel der Differenzierung. Die

Ärzte, gleich rat- und hilflos wie ihre Patienten, erheben sich über dieselben zu »weißen Göttern« durch eben den Kittel, in dem sie selber einander gleich sind. Der Franziskaner unterscheidet sich etwa vom Benediktiner unterm Habit durch eben diesen.

*

Das Reisen zu so genannter Vergnügung oder Erholung verblödet nicht nur – es hat schon die halbe Menschheit zu einem uniformierten Was-kostet-die-Welt-Pöbel degeneriert –, es macht auch böse. Denn man nimmt überall, ob zum Äquator oder zum Nordpol, sich selber mit, was für weitaus die meisten Menschen die denkbar schlechteste Gesellschaft ist: mit der man im Flugzeug, am Badestrand, in der Pagode, vor Mozarts Geburtshaus erst recht nun nichts anfangen kann; die im Auto, am Petersplatz, auf dem Großglockner, zwischen Eskimos oder Buschmännern nun erst recht einem auf die Nerven fällt, eine Gesellschaft, die man noch weniger los wird als sämtliche Trinkgeldschnorrer sämtlicher Wasser-Sonne-Schnee-Paradiese zusammen. Daher wird man böse auf diese Gesellschaft; und das läßt man, wieder daheim, an den anderen aus, und speziell an jenen, die klug gewesen, gar nicht erst weg zu fahren: die späte Rache der großen weiten Welt an Pascal, der alles Übel von dem her rührend behauptet, daß die Menschen nicht mehr imstande seien, zu Hause zu bleiben. Zu Hause, so möchte ich interpretieren, sind sie an sich gewöhnt wie das Vieh an den Stall, und es fällt ihnen gar nicht erst auf, was sie an sich selber entbehren: wie gewisse Substanzen erst dann zerplatzen oder zerfallen, wenn man sie an die Luft setzt.

*

Geschenkartikel sind materialisiertes Geschwätz.

*

Was man heute einander so schenkt, und wie man das tut, und aus welchen Gründen, zu welchem Zweck; dieses ganze Schenken und Gegenschenken von lauter Nichtsnutzigkeit, der scharf kalkulierte Austausch von wertlosen Kostspieligkeiten ist das Alibi für die Lieblosigkeit: Ich will nicht mich selber hingeben, deshalb gebe ich Porzellan, Krawatten, Likör, Rasierwasser, Kerzenhalter, Kristallvasen, alles Dinge, die der Beschenkte nicht braucht und bei nächster Gelegenheit weitergibt, mit dem selben Effekt; wie im Reigen wandern die Dinge, so daß man immer nur das bekommt, was man selber gegeben und deshalb gegeben, weil man es selber nicht brauchen konnte. Aus nichts wird nichts als Ärger.

*

Die Menschen sind sehr viel eher bereit, ihr Geld und Gut zu vergeuden, als es zu teilen.

*

Das Böse geschieht instinktiv, nämlich als im Einklang stehend mit der Natur, und eben deswegen erscheint es als völlig logisch – im Gegensatze zum Guten, das immer ein Abgerungenes ist, ein Paradoxon, nicht beweisbar, und mittels der Logik sogar widerlegbar. Die Macht des Bösen besteht in dem, daß es schlechthin unwiderlegbar ist.

*

Der Mensch lebt nur scheinbar aus sich selber, in Wahrheit lebt er von seinem Feind. Nimm ihm diesen weg, und er bricht zusammen, als hättest du ihm das Rückgrat herausgezogen.

*

Es gibt auch eine stilistische Kalligraphie, das ist ein Stil, der nur schön ist und eben deswegen nicht schön ist, nur schön aussieht. Das Gegenteil davon ist Lichtenberg, immer und immer, dann Stifter, vor allem im »Nachsommer«, ferner auch Schopenhauer und Jacob Burckhardt: Bei ihnen kommt die stilistische Schönheit von der Gerechtigkeit gegen die Sache.

*

Mit eintausenddreihundert Wörtern auszukommen, das allein macht noch keinen Caesar, man braucht dazu schon auch einen Gallischen Krieg.

*

Daß einer dieses und jenes, buchstäblich alles, denken kann, ist ein ziemlich gewisses Zeichen von Idiotie. So kann auch das Grammophon zwar jede Platte spielen, obwohl es selber nicht musikalisch ist. Und so, wie das Grammophon nicht hört, was es abspielt, so kommt es bei manchen Menschen vor, daß sie denken, ohne sich etwas dabei zu denken – und das, genau das, ist idiotisch.

*

Alle die Idioten an die Wand stellen – und dort stehen lassen.

*

Schopenhauer ist das bessere Ich – und als solches die Hoffnung – der Epoche des Sozialismus, indem er, was dieser bloß postuliert und daher in der Realität notorisch verfehlt: die communia alles Seienden, als das wahre Wesen der Welt und somit als die eigentliche Bestimmung des Menschen nachweist. Die Explikation der intuitiven Erkenntnis, daß jeder zugleich jeder andere ist, impliziert ja mit Notwendigkeit, daß alles allen gemeinsam gehört – womit unser Philosoph, ein Vierteljahrhundert vor Marx, das leistet, was der Marxismus bis heute beharrlich verweigert: eine Metaphysik des Kommunismus.

*

Nur der, der nicht leben kann, weiß, wie man's könnte. Daher sind die Ratschläge lebenstüchtiger Menschen recht eigentlich unbrauchbar.

*

Um groß zu sein, sei ganz, und um ganz zu sein, mach dich klein.

*

Seit es für inhuman und reaktionär gilt, einen Verbrecher kurz einen Verbrecher zu nennen, man vielmehr moralisch verpflichtet ist, als einen armen Kranken ihn zu bezeichnen: Seither walten nur falsche Rücksichten, unter denen die Braven und Ehrlichen mehr zu leiden haben als unter den Gaunern und Schurken selbst. Und die Gegenbewegung wird mörderisch sein; auch zum Schaden derer, denen jetzt graut davor, einen Mörder, anstatt zum Arzt, zum Henker zu wünschen.

*

Mit großen Ideen läßt sich nicht leben, für mittlere Meinungen läßt sich nicht sterben, darin liegt der ganze Jammer der Demokratie.

*

Wo Normen fehlen, wuchern die Gesetze.

*

Frei ist, wer keine Befehle braucht, um zu wissen, was seine Pflicht ist.

*

Letzte Worte, auch die banalsten, bleiben uns als die gewichtigsten im Gedächtnis, weil der Tod ein Ausrufungszeichen dahinter gesetzt hat.

*

Der gravierende Unterschied liegt vielleicht nicht in der Vorstellung mehrerer Götter und der von dem einen Gotte, sondern in dem, daß das Schicksal dort über den Göttern waltet und erst auf diesem Umweg auch über den Menschen, hier aber Schicksal gedacht oder eher gefühlt wird als das von Gott Auferlegte, gewissermaßen als unsere irdisch beschränkte Ansicht von Gottes unerforschlichem Ratschluß. Allein, wir stecken noch immer viel tiefer im Heidentum, als wir meinen, wenn wir in Not und Gefahr und für unsere Hoffnungen Gottes Hilfe erflehen: als sei Er nicht Ursache alles dessen, was ist wie es ist, sondern selber bloß eine Folge des letzten Grundes, wenn auch dem letzten Grunde um so vieles näher als wir, wie die Heiligen näher als wir zu dem Gotte sind. Wir beten zu Ihm nicht: Dein Wille geschehe, wir betteln Ihn an als wie einen Schutzpatron wider die Launen des blinden Schicksals, das heißt, wir denken Ihn uns als ein Konzentrat aus sämtlichen Göttern.

*

Auf unsre Beweise hin, daß kein Gott sei, führt Gott nun den Gegenbeweis, und siehe: es gibt keinen Menschen.

Illustrationen von Chaval

Ray Bradbury
Sterbe ich,
so stirbt die Welt

Arme Welt, die ihr Verderben nicht weiß, am Tage
                              meines Sterbens.
Zweihundert Millionen ziehen vorbei innerhalb der Stunde
                              meines Scheidens.
Ich nehme diesen Kontinent mit mir ins Grab.
Sie sind ganz tapfer, so arglos, und wissen nicht,
Daß, falls ich sinke, sie die Nächsten sein werden.
So jubeln sie den Guten Zeiten zu in der Stunde des Todes,
Während ich, irrer Selbstsüchtiger, läute ein ihr
                              Schlechtes Neues Jahr.
Die Länder jenseits meiner Länder sind weit und hell,
Aber mit einer sicheren Hand lösche ich ihr Licht.
Ich vernichte Alaska, ziehe Sonnenkönigs Frankreich
               in Zweifel, durchschneide Britanniens Kehle,
Befördere alte Mutter Rußland mit einem grimmigen
                              Zwinkern aus meinen Gedanken,
Stoße China von eines Marmorbergwerks Rand,
Schlage fernes Australien nieder und setze seinen Stein,
Trete Japan so nebenbei. Griechenland? rasch verflogen.
Ich werde es fliegen und fallen lassen wie Irland grün,
Mich drehend in meines Traumes Schweiß, werde ich
                              Spanien die Hoffnung nehmen,
Goyas Kinder töten, Schwedens Söhne auf die Folterbank
                              schicken,

Blumen spalten und Bauernhöfe und Dörfer mit Gewehren
                              der Dämmerung.
Wenn mein Herz stillt steht, der große Ra im Schlaf
                              ertrinkt,
Begrabe ich alle die Sterne in der Kosmischen Tiefe.
Also hör zu, Welt, sei gewarnt, kenne die wahrhaftige
                              Furcht.
Wenn ich krank werde, an dem Tag stirbt Dein Blut.
Benimm Dich, ich werde haften bleiben und Dich leben
                              lassen.
Aber benimm Dich daneben, nehme ich zurück,
                              was ich gegeben.
Das ist das Ende und Alles. Deine Fahnen aufgerollt ...
Wenn ich geschossen und gefällt? So endet Deine Welt.

Gerd Fuchs
Adorno, Enzensberger und jetzt Hildesheimer

Ich hör es nun zum dritten Mal: Man kann nicht mehr schreiben. Diesmal von Wolfgang Hildesheimer. Atomare Bedrohung, Waldsterben und all das – Fuck Fiction. Davor war es Enzensberger, der die Literatur totsagte – wegen dringender revolutionärer Geschäfte. Vorangegangen war Adornos Dekret: Nach Auschwitz kein Gedicht mehr.

Adorno hat Literatur verhindert, da bin ich sicher. Aber im Bundeskanzleramt war Staatssekretär und rechte Hand Adenauers Heinrich Maria Globke, der die juristischen Grundlagen für die Gaskammern von Auschwitz geliefert hatte. Faschisten wie Oberländer oder Seebohm brüllten im Bundestag und auf Vertriebenentreffen herum. Mit einem heute kaum noch vorstellbaren Zynismus ging man zur Tagesordnung über, wurden die 55 Millionen Toten des zweiten Weltkrieges noch einmal getötet.

Wie sollte ein junger Mensch da ins Singen kommen, wenn er ständig einen Kloß aus Verbitterung und Ohnmacht im Hals hatte? Und dann noch Adornos Donnerwort. Doch ich war ihm eher dankbar dafür. Wenigstens einer, der von Auschwitz sprach (Buchenwald durfte sowieso nicht erwähnt werden); da schien mir damals der Preis dafür nicht zu hoch.

Über Enzensbergers, Boehlichs und der anderen Literaturverbotsaktion 1968 hat man sich angewöhnt zu lächeln. Mich hat sie eher nachdenklich gemacht. Schreiben schien damals plötzlich leicht geworden zu sein. Was ein Gedicht war, wußte auf einmal jeder. Hunderte entdeckten über Nacht, daß sie enorme Lyriker waren (viele wollen bis heute nicht begreifen, daß sie sich irrten), auch war sonnenklar, welchen Sinn Literatur haben sollte.

Ich sagte mir, wenn sie nur den Sinn hat, anfeuernde Zurufe in Richtung westdeutsche Arbeiterklasse zu liefern, dann kann man ja auch gleich Leitartikel schreiben oder es sein lassen und zur RAF gehen. So gesehen, erschien mir das gar nicht so unplausibel, was Enzensberger forderte. Hatte Literatur aber noch einen anderen Sinn, einen umfassenderen, dann mußte noch einmal nachgedacht werden, gründlicher, radikaler.

Und nun Hildesheimer. »Es ist mir unverständlich, wie sich heute noch jemand hinsetzen und eine fiktive Geschichte schreiben kann.« Denn: »Der Mensch wird in Bälde die Erde verlassen haben.« Vor oder nach dem Atomschlag? Ich nehme an, danach. Wir, die Milliarden, sind verbrannt, versaftet, vergiftet, verschüttet, vergast. Doch dann öffnen sich die Bunker, und herauskommen die Regierungsmannschaften, Generalitäten und Wissenschaftler- und Künstlereliten. Die sind dann *der* Mensch, und der verläßt die von ihm verwüstete, versaute, zugrundegerichtete Erde. Ich kann mir das nur so vorstellen, daß der Haufe eine Maschine ins Irgendwohin besteigt, und der letzte macht auf dem Flughafen das Licht aus. Abgang die beleidigte Leberwurst.

Doch nicht nur der Mensch verläßt die Erde – »auch der Hildesheimer-Leser. Um es ganz pathetisch zu sagen, ich fühle mich um meine Zukunft betrogen. Ich glaube, daß es eine Nachwelt, von der die Künstler früher vielleicht einmal träumten, nicht mehr geben wird.« So einfach ist das. Keine Leser, keine Literatur. Nix kritische Gesamtausgabe, nix neue Texte. Ich glaube, kompromittierender hat sich noch niemand um die Menschheit wie um die Literatur gesorgt.

Eine sehr schöne Antwort bekam Hildesheimer von »Stern«-Leser Dieter Reiser: »Was, wenn der Bäcker im schönen luftigen Graubündner Dorf, in dem Hildesheimer wohnt, still für sich entscheiden würde, künftig kein Brot für Herrn Hildesheimer zu backen? Wie ist es mit den Wasserwerken bestellt, die Hildesheimers Wohnort mit Leitungswasser versorgen etc.? Was, wenn alle plötzlich in Endzeitstimmung machten? Hildesheimer macht es. Er kann es sich nämlich leisten.« Eine verlockende Hypothese, eine Gesellschaft, wo der Bäcker sagt, keine Gedichte, kein Brot. Und der Wasserwerker: Prosa, oder ich dreh dir den Hahn ab.

Aber dieses Prophetentum des Untergangs ist ja ausnutzerisch nicht nur in materieller, sondern auch in ideeller Hinsicht. Das stürzt sich gierig auf jede schlechte Nachricht, das saugt sich voll mit Unheil, das mästet sich am Schrecken. Endlich ein Thema, endlich etwas, womit man sich bedeutend machen kann, was einen radikal erscheinen läßt, einzigartig.

Leute, von denen man nie etwas gehört hat, als es darum ging, die Stationierung der Raketen zu verhindern, die auch nicht das Schwarze unterm Nagel dazu beigetragen haben, daß der drohende ökologische Kollaps wenigstens publik wurde, also das, wovor sich Hildesheimer jetzt entsetzen kann, sie stehen plötzlich ganz vorne, führen das große Wort, haben alles schon gewußt, fühlen sich jedem Blockierer, der sich durch den Schneematsch schleifen ließ, haushoch überlegen. Nachfahren des Swinegel, die glauben, sie brauchten nur in ihren Landhäusern sitzen zu bleiben, um immer mal wieder vorne zu sein.

Wenn mir der Arzt sagen würde, wenn Sie so weitermachen, gebe ich Ihnen noch vier Wochen, dann brauche ich weder jemand, der mir erzählt, daß ihn das bare Entsetzen über unsere Zeit anguckt, noch jemand, der sagt, es wird schon werden, sondern jemand, der mir erzählt, daß draußen Sommer wird und man schon unter Bäumen sitzen kann.

Wir brauchen keine Untergangsvisionen mehr, auch nicht von seiten der Friedensbewegung. Wir kennen unsere Lage. Wir brauchen Kaltblütigkeit. Und wir brauchen Literatur.

Wenn die Gefahr, die uns bedroht, von Menschen erzeugt wurde, muß sie auch von Menschen zu bannen sein. Von Gefahr hat Kunst immer gesprochen, und immer hat sie sich ihr entgegengesetzt als das absolut andere, das andere Fühlen, das andere Denken, das andere Handeln. Das ist die Bedingung ihrer Möglichkeit und gleichzeitig ihr Auftrag. Wer jetzt nicht mehr schreibt, sollte auch seine früheren Bücher zurückziehen.

Der südafrikanische Schriftsteller und Maler Bryten Breytenbach, der wegen seines Kampfes gegen die Apartheidgesetze sieben Jahre inhaftiert war, schreibt über seine Gefangenschaft: »Zweifellos am quälendsten ist die Erinnerung an die Gesänge der zum Tode verurteilten schwarzen Afrikaner vor ihrer Hinrichtung. Wenn die zum Tode verurteilten Weißen erfahren, daß ihr Gnadengesuch verworfen wurde, schweigen sie. Aber die Schwarzen, sie beginnen zu singen. Und alle schwarzen Gefangenen singen mit ihnen, fast ohne Unterbrechung, die ganzen acht Tage lang, die dem Erhängen vorangehen... Dieser gewaltige Chor schwarzer Stimmen erhält – ›trägt‹ – die Verurteilten quasi körperlich, bis zu dem Augenblick, da sich unter ihren Füßen die Falltür öffnet.« (La Quinzaine Littéraire.)

Gerade jetzt brauchen wir Literatur, brauchen wir Kunst. Die Diskussion über die Ausdrucksformen der Friedensbewegung muß heraus aus der Nörgelei und dem billigen Hohn über Friedenskekse und Arbeitsplätzchen. Wo stehen wir? Wie lang ist der Weg, wie hart? Wer in diesem Land Kunst oder Literatur herstellt, hat Erfahrungen mit langen Wegen, Resignation, Verzweiflung und Geduld. Von diesen Erfahrungen sollten die Künstler und Dichter in der Friedensbewegung jetzt sprechen. Und warum sie trotzdem nicht aufgehört haben zu malen, zu komponieren, zu schreiben.

Sean O'Casey

Mein Freund Čechov

Zum 125. Geburtstag

Es sind nicht viele, wenn man sie zählt, aber Anton Čechov ist mit Sicherheit einer von ihnen. Es ist schwer zu sagen, was ich von diesem glänzenden Dramatiker und Meister der Kurzgeschichte halte. Ich bin kein Kritiker und habe es nie unternommen, aufgrund meiner Erfahrung oder Bildung die Schönheit, Macht und Anmut großer Dramen oder irgend einer anderen Kunst genau zu beschreiben oder unfehlbar zu erläutern. Am Anfang (denn ich mußte mich in einem schmerzhaften Prozeß selbst bilden) folgte ich denjenigen, die ich mochte und aus der Ferne verehrte, bis ich ehrlich auf sie zugehen und sagen konnte: Seid meine Freunde. So war es mit Shakespeare, Milton, Shelley, Burns, Keats, Walt Whitman und anderen; und so erging es mir auch mit Čechov, der nun schon seit über dreißig Jahren mein Freund ist. Für mich ist Čechov ein Geschenk Gottes an die Menschen, ein großzügiges und seltenes Geschenk. Er ist für die Menschheit ein Bischof ohne Mitra. Čechov war freundlich zu mir, er begrüßte mich herzlich, obwohl er russisch und ich englisch sprach. Nach meiner Ansicht ist er ein Schriftsteller, auf den die größte Nation und das wackerste Volk stolz sein dürfen; und ich nehme mit Freude zur Kenntnis, wie das russische Volk sein Andenken würdigt und in Ehren hält.

Wenn ich Čechovs Dramen lese, ist das beste immer das erste, das ich gerade lese, und wird von dem abgelöst, das ich danach lese; und genau so ist es, wenn ich sie auf der Bühne sehe. Die Wahrheit ist, daß alle seine Stücke wundervoll sind und sich neben den besten sehen lassen können. Da ist die düstere Kiefer, die anmutige Buche, dort die in Perlmutter gewandete Birke mit den Farbnuancen vieler Vögel in ihren Zweigen, darüber das Banner eines silbrigen Himmels, der mit zartem Mauve getönt ist; und überall sind Stimmen, die beten, die seufzen, die nach mehr Leben, mehr Licht, mehr Beweisen rufen zur Rechtfertigung des Adels im Menschen. Ehre gebührt auch dem Großvater dieses Mannes, der seine Familie aus der Leibeigenschaft befreite und der Welt damit die Gelegenheit gab, diesen Großen hervorzubringen, Čechov, der in seinem großen Werk die Schönheit und Stärke seiner eigenen Natur manifestierte und das Leben des Menschen um diesen Ruhm bereicherte.

Anton Čechov

»Eine Erzählung ohne Frau ist wie eine Maschine ohne Dampf.«

Aus Briefen an A. S. Suvorin,
Maksim Gorkij, O. L. Knipper, V. È. Mejerchold,
M. O. Menšikov, S. P. Djagilev
und andere

> »Ich bin unersättlich, liebe in meinen Werken eine Vielzahl von Leuten, die ich darstelle, lieb und sympathisch, und wer einem sympathisch ist, mit dem möchte man möglichst lange zu tun haben.«
>
> Čechov an A. N. Pleščeev

An AL. P. Čechov

Moskau,
10. Mai 1886

Liebster Aleksandr Pavlovic,
Mein Hr. Čechov!
[...]

Die »Stadt der Zukunft« ist ein großartiges Thema, von seiner Neuigkeit her wie von seinem Interesse. Ich glaube, wenn du nicht faul bist, wirst du nicht übel darüber schreiben, aber du bist doch weiß der Teufel was für ein Faulpelz! »Die Stadt der Zukunft« wird zu einem Kunstwerk nur unter folg. Bedingungen: 1) Abwesenheit langgezogener Wortergüsse politisch-sozialökonomischen Charakters; 2) absolute Objektivität; 3) Wahrhaftigkeit in der Beschreibung der handelnden Personen und Gegenstände; 4) äußerste Kürze; 5) Kühnheit und Originalität; meide das Klischee; 6) Herzlichkeit.

Naturbeschreibungen müssen meiner Meinung nach sehr kurz sein und den Charakter des *à propos* besitzen. Gemeinplätze der Art: »Die untergehende Sonne, die sich in den Wellen des dunkelnden Meeres badete, verströmte purpurnes Gold« usw. »Die Schwalben, die über die Oberfläche dahinflogen, zwitscherten fröhlich« – solche Gemeinplätze muß man bleibenlassen. In Naturbeschreibungen muß man sich an kleine Einzelheiten halten, die man so gruppiert, daß sie beim Lesen, wenn man die Augen schließt, ein Bild ergeben. Du hast zum Beispiel die Mondnacht, wenn du schreibst, daß auf dem Mühlenwehr der Hals einer zerbrochenen Flasche blitzt wie ein heller Stern und wie eine Kugel der schwarze Schatten eines Hundes oder Wolfs vorbeirollt usw. Die Natur erscheint belebt, wenn du dich nicht scheust, Vergleiche ihrer Erscheinungen mit menschl. Handlungen zu benützen usw.

In der Sphäre der Psychik ebenfalls Einzelheiten. Bewahre dich Gott vor Gemeinplätzen. Am besten meidet man die Beschreibung des Seelenzustands der Helden; man muß sich bemühen, daß er aus den Handlungen der Helden verständlich wird... Unnötig ist, einer Überfülle von hand. Personen nachzujagen. Schwerpunkt müssen zwei sein: er und sie...

Ich schreibe dir das als Leser, der einen bestimmten Geschmack hat. Ich schreibe es dir auch, damit du dich beim Schreiben nicht einsam fühlst. Die Einsamkeit beim Schaffen ist eine schwierige Geschichte.

Besser eine schlechte Kritik als gar nichts... Ist es nicht so?

Schick mir den Anfang deiner Novelle... Ich lese ihn am Tag, an dem ich ihn bekomme, und schicke ihn dir am andern Tag mit meiner Meinung zurück.

[...]

Ich freue mich, daß du jetzt eine ernsthafte Arbeit anfängst. Ein Mensch mit 30 Jahren muß entschlossen sein und charakterfest. Ich bin noch ein junger Mensch, mir ist daher zu verzeihen, daß ich mich mit Kleinkram herumschlage.

[...]

Sei hiermit gegrüßt und vergiß nicht deinen

A. Čechov.

An M. V. Kiselëva

Moskau,
14. I. 1887

[...] Jedem kritischen Aufsatz, auch einem schimpfend-ungerechten, begegnet man gewöhnlich mit einer schweigsamen Verbeugung – so will es die literarische Etikette ... Zu antworten ist unüblich, und allen, die antworten, wirft man zu Recht ein Übermaß an Eitelkeit vor.

Aber da Ihre Kritik[1] den Charakter eines »abendlichen Gesprächs auf der Treppe des Seitenflügels von Babkino oder auf der Terrasse des Herrenhauses, im Beisein von Ma-Pa[2], dem Falschmünzer[3] und Levitan« trägt, und da sie, in Umgehung der

---

[1] gemeint ist hier die Kritik an Čechovs Erzählungen »Unterwegs« und »Sumpf«
[2] Čechovs Schwester Marija.
[3] Hund der Familie Kiselëv.

literarischen Seite der Erzählung, die Frage auf eine allgemeine Grundlage stellt, sündige ich nicht wider die Etikette, wenn ich mir erlaube, unser Gespräch fortzuführen.

Vorweg, ich liebe die Literatur jener Richtung, von der bei uns beiden die Rede ist, ebenso wenig wie Sie. Als Leser und als Bürger gehe ich ihr gern aus dem Wege, aber wenn Sie mich nach meiner ehrlichen und aufrichtigen Meinung fragen, dann muß ich Ihnen sagen, daß die Frage nach der Existenzberechtigung dieser Literatur noch offen und von niemandem gelöst worden ist, auch wenn Olga Andreevna glaubt, sie gelöst zu haben. Weder ich, noch Sie, noch die Kritiker der ganzen Welt haben irgendwelche unumstößliche Beweise, die ihnen das Recht gäben, diese Literatur zu negieren. Ich weiß nicht, wer recht hat: Homer, Shakespeare, Lope de Vega, überhaupt die Alten, die sich nicht scheuten, im »Misthaufen« zu wühlen, dabei aber in moralischer Beziehung viel fester waren als wir, oder die modernen Schriftsteller, die auf dem Papier pedantisch genau sind, aber kalt-zynisch im Herzen und im Leben. Ich weiß nicht, wer den schlechten Geschmack hat: die Griechen, die sich nicht schämten, die Liebe so zu besingen, wie sie in Wirklichkeit ist, in der schönen Natur, oder die Leser von Gaboriau, Marlitt und Pierre Bobo? Wie die Fragen des »Widerstehe nicht dem Übel«[4], der Freiheit des Willens usw. kann auch diese Frage erst in der Zukunft gelöst werden. Wir können sie nur erwähnen, sie zu lösen würde die Grenzen unserer Kompetenz übersteigen. Der Verweis auf Turgenev und Tolstoj, die den »Misthaufen« gemieden haben, klärt diese Frage nicht weiter. Daß beide Ekel empfanden, beweist gar nichts; vor ihnen hat es doch eine Generation von Schriftstellern gegeben, für die zum Schmutz nicht nur die »Lumpen beiderlei Geschlechts« zählten, sondern sogar die Beschreibung von Bauern und von Beamten unter dem Titularrat. Und auch eine ganze Periode, sie mag noch so blühend gewesen sein, gibt uns nicht das Recht, Schlüsse zu ziehen zugunsten der einen oder anderen der Richtung. Der Verweis auf den moralisch verderblichen Einfluß der genannten Richtung löst die Frage ebensowenig. Alles auf dieser Welt ist relativ, ist Annäherungswert. Es gibt Menschen, die bereits durch Kinderliteratur verdorben werden können, die mit besonderem Vergnügen in den Psalmen und den Sprüchen Salomos die pikanten Stellen lesen, und es gibt solche, die, je näher sie den Schmutz des Lebens kennenlernen, nur um so reiner werden. Publizisten, Juristen und Ärzte, die in alle Geheimnisse der menschlichen Sünde eingeweiht sind, gelten nicht als unmoralische Leute; realistische Schriftsteller führen meistens ein

---

[4] Kernsatz der Tolstojschen Lehre.

Moskau, 1882

Moskau, 1890

moralischeres Leben als Archimandriten. Und schließlich und endlich kann keine Literatur in puncto Zynismus das wirkliche Leben übertrumpfen; mit einem Glas macht man den nicht betrunken, der bereits ein ganzes Faß ausgetrunken hat.

2) Daß die Welt wimmelt von »Lumpen beiderlei Geschlechts«, das ist wahr. Die menschliche Natur ist unvollkommen, und dann wäre es merkwürdig, würde man auf der Erde einzig und allein Gerechte sehen. Jedoch zu meinen, Pflicht der Literatur sei es, aus dem Haufen Lumpen die »Perle« herauszufischen, bedeutet, die Literatur selbst zu negieren. Künstlerische Literatur wird deshalb künstlerisch genannt, weil sie das Leben so zeichnet, wie es in Wirklichkeit ist. Ihre Funktion auf solch eine Spezialität wie die Gewinnung von »Perlen« zu reduzieren, ist für sie ebenso tödlich, wie wenn sie Levitan einen Baum zeichnen ließen mit der Auflage, die schmutzige Rinde und die gelbgewordenen Blätter wegzulassen. Einverstanden, eine »Perle« ist eine schöne Sache, aber ein Schriftsteller ist doch kein Konditor, kein Kosmetiker, kein Alleinunterhalter; er ist ein Mensch mit Pflichten, vertraglich gebunden durch sein Pflichtgefühl und sein Gewissen; wer A gesagt hat, muß auch B sagen, und so schlecht ihm dabei auch werden mag, er ist verpflichtet, seinen Ekel davor niederzukämpfen, daß seine Vorstellung mit dem Schmutz des Lebens besudelt werden könnte ... Er ist dasselbe wie jeder einfache Korrespondent.

Was würden Sie sagen, wenn ein Korrespondent aus dem Gefühl des Ekels oder aus dem Wunsch, dem Leser ein Vergnügen zu bereiten, nur noch ehrliche Stadtoberhäupter, erhabene Adelsfräulein und tugendhafte Eisenbahner beschriebe?

Für Chemiker gibt es auf der Erde nichts Unreines. Der Schriftsteller muß genauso objektiv sein wie ein Chemiker; er muß sich freimachen von der Subjektivität seines Alltags und wissen, daß die Misthaufen in der Landschaft eine sehr beachtliche Rolle spielen, und böse Leidenschaften dem Leben ebenso eigen sind wie gute.

3) Schriftsteller sind Kinder ihrer Zeit, und darum müssen sie sich, wie das übrige Publikum auch, den äußeren Bedingungen des allgemeinen Zusammenlebens unterordnen. So müssen sie unbedingt anständig sein. Das ist das einzige, was wir mit Recht von den Realisten verlangen können. Übrigens, gegen die Ausführung und Form des »Sumpfs« sagen Sie nichts ... Ich war also anständig.

4) Ich gestehe, ich unterhalte mich selten mit meinem Gewissen, während ich schreibe. Das erklärt sich aus der Gewohnheit und der Geringfügigkeit meiner Arbeiten. Und darum stelle ich mich, wenn ich die eine oder andere Meinung über die Literatur darlege, selbst nicht in Rechnung.

5) Sie schreiben: »Wäre ich Redakteur, ich hätte Ihnen dieses

Feuilleton zu Ihrem eigenen Besten zurückgegeben.« Warum gehen Sie nicht weiter? Warum nehmen Sie nicht auch die Redakteure beim Schlafittchen, die solche Erzählungen drucken. Warum erteilen Sie nicht auch der Hauptverwaltung für Pressewesen einen strengen Verweis, daß sie die unmoralischen Zeitungen nicht verbietet?

Kläglich wäre das Schicksal der Literatur (der großen und kleinen), wenn man sie der Willkür persönlicher Ansichten preisgäbe. Das zum ersten. Zweitens, es gibt die Polizei nicht, die sich in Sachen Literatur für kompetent hielte. Einverstanden, ohne Zügelung und Stock geht es nicht, weil auch in die Literatur Falschspieler eindringen, aber was Sie auch davon halten mögen, Sie werden für die Literatur keine bessere Polizei finden als die Kritik und das eigene Gewissen der Autoren. Man macht doch Erfindungen seit Erschaffung der Welt, aber etwas Besseres ist noch nicht erfunden worden...

Sie hätten also gewünscht, daß ich einen Verlust von 115 Rubel erlitten und der Redakteur mich in Verlegenheit gebracht hätte. Andere, unter ihnen auch Ihr Vater, sind von der Erzählung begeistert. Wieder andere schicken Suvorin Schmähbriefe, in denen sie auf jede erdenkliche Weise herziehen über die Zeitung, über mich usw. Wer hat nun recht? Wer ist der wahrhaftige Richter?

6) Weiter schreiben Sie: »Überlassen Sie, Ähnliches zu schreiben, den verschiednen Armen im Geiste und vom Schicksal ins Elend gestürzten Schriftstellern wie: Okrejc, Pince-nez, Aloé...« Allah möge Ihnen vergeben, wenn Sie diese Zeilen ernst gemeint haben! Der herablassend-verächtliche Ton in bezug auf kleine Leute, nur weil sie klein sind, gereicht dem menschlichen Herzen nicht zur Ehre. In der Literatur sind die niederen Ränge genauso notwendig wie in der Armee, – das sagt einem der Kopf, das Herz aber muß einem noch mehr sagen... .

Uff! Ich habe Sie ermüdet mit meinem Wortschwall... Wenn ich gewußt hätte, daß meine Kritik so lang wird, hätte ich gar nicht damit angefangen. Verzeihen Sie bitte! [...]

Ihr ergebener und Sie verehrender

A. Čechov.

An A. S. Suvorin

Sumy,
30. 5. 1888

Verehrter Aleksej Sergeevič!
Ich antworte auf Ihren Brief, den ich erst gestern bekam; der Umschlag war zerrissen, zerknautscht und verschmiert, was meine Wirtsleute und Hausgenossen mit einer politischen Deutung versehen.

Ich lebe am Ufer des Psël, im Flügel eines alten Herrenguts. Ich habe das Sommerquartier aufs Geratewohl, auf gut Glück gemietet und es bis heute noch nicht bereut. Der Fluß ist breit, tief, reich an Inseln, Fischen und Krebsen, die Ufer sind schön, es gibt viel Grün ... Und die Hauptsache, es ist dermaßen viel Platz, daß es mir vorkommt, als hätte ich für meine hundert Rubel das Recht bekommen, in einem Raum zu leben, dessen Ende unabsehbar ist. Natur und Leben hier sind nach genau der Schablone gefertigt, die heute so veraltet ist und in den Redaktionen verworfen wird: ganz zu schweigen von den Nachtigallen, die Tag und Nacht singen, vom Hundegebell, das man von ferne hört, von den alten verwilderten Gärten, von den fest vernagelten, sehr poetischen und traurigen Landsitzen, in denen die Seelen schöner Frauen wohnen, ganz zu schweigen von den alten, dem Tode nahen leibeigenen Lakaien, den jungen Mädchen, die sich sehnen nach der schablonenhaftesten Liebe, nicht weit von mir entfernt gibt es sogar so eine abgedroschene Schablone wie eine Mühle (mit 16 Rädern) mit einem Müller und seiner Tochter, die immer am Fenster sitzt und offenbar auf etwas wartet. Alles, was ich jetzt sehe und höre, kommt mir seit langem bekannt vor aus den alten Novellen und Märchen. Neu weht es mich nur von einem geheimnisvollen Vogel an – der »Rohrdommel«, die irgendwo weit weg im Schilf sitzt und Tag und Nacht einen Schrei ausstößt, der teilweise an einen Schlag vor ein leeres Faß erinnert, teilweise an das Brüllen einer in eine Scheune eingesperrten Kuh. Jeder Ukrainer hat in seinem Leben diesen Vogel einmal gesehen, aber alle beschreiben ihn anders, also hat niemand ihn gesehen. Es gibt auch Neues anderer Art, aber das ist eingeschleppt und darum nicht ganz neu.

Jeden Tag fahre ich im Boot zur Mühle, und abends begebe ich mich mit den leidenschaftlichen Anglern der Fabrik Charitonenko auf die Inseln zum Fischefangen. Es gibt interessante Gespräche. Zu Pfingsten wollen alle Angler auf den Inseln übernachten und die ganze Nacht Fische fangen, ich auch. Es gibt großartige Typen darunter.

Meine Wirtsleute haben sich als liebe und gastfreundliche Leute erwiesen. Eine Familie, die es wert ist, studiert zu werden. Besteht aus 6 Mitgliedern. Die alte Mutter, eine sehr gute, aufgedunsene Frau, die viel durchgemacht hat; liest Schopenhauer und fährt zum Akathistos in die Kirche; studiert gewissenhaft jede Nr. des »Vestnik Evropy« und »Severnyj vestnik« und kennt Schriftsteller, von denen ich noch nicht einmal geträumt habe; mißt dem große Bedeutung bei, daß in ihrem Seitenflügel einmal der Maler Makovskij gewohnt hat, und jetzt wohnt da ein junger Schriftsteller; wenn sie mit Pleščeev spricht, fühlt sie am ganzen Körper ein heiliges Schaudern und freut sich jeden Augenblick, daß es ihr »widerfahren« ist, einen großen Dichter zu sehen.

Ihre älteste Tochter, eine Ärztin, ist der Stolz der ganzen Familie und, wie die Bauern sie nennen, eine Heilige – eine wahrlich ungewöhnliche Erscheinung. Sie hat einen Gehirntumor; davon ist sie völlig erblindet, leidet an Epilepsie und ständigen Kopfschmerzen. Sie weiß, was sie erwartet, und spricht stoisch, mit niederschmetternder Kaltblütigkeit über den nahen Tod. Als praktizierender Arzt bin ich gewöhnt, Menschen zu sehen, die bald sterben werden, und ich hatte immer ein merkwürdiges Gefühl, wenn in meiner Gegenwart Menschen, die dem Tode nahe waren, sprachen, lächelten oder weinten, aber hier, wo auf der Terrasse eine Blinde lacht, scherzt oder zuhört, wie man ihr meine »Dämmerungen« vorliest, kommt mir allmählich merkwürdig nicht mehr vor, daß die Ärztin sterben wird, sondern daß wir unseren eigenen Tod nicht spüren und »Dämmerungen« schreiben, als ob wir nie sterben würden.

Die zweite Tochter, ebenfalls Ärztin, ist eine alte Jungfer, ein stilles, schüchternes, unendlich gutes, alle Menschen liebendes und häßliches Wesen. Patienten sind für sie die wahrste Folter, und sie behandelt sie vorsichtig bis zur Psychose. Bei Beratungen sind wir immer verschiedener Meinung: ich erscheine als Heilsverkünder, wo sie den Tod voraussieht, und verdople die Dosen, die sie verschreibt. Wo dagegen der Tod offensichtlich und unausweichlich bevorsteht, da fühlt sich meine Doktorin alles andere als ärztlich. Einmal empfing ich mit ihr gemeinsam Patienten in einem Sanitätszentrum; kam eine junge Ukrainerin mit einer bösartigen Drüsengeschwulst an Hals und Nacken. Die Erkrankung war so weit fortgeschritten, daß an eine Heilung nicht zu denken war. Und da, weil das Weib im Moment keinen Schmerz fühlte, in einem halben Jahr aber unter fürchterlichen Qualen sterben würde, schaute meine Doktorin sie so tiefsinnigschuldbewußt an, als wolle sie sich für ihre eigne Gesundheit entschuldigen und habe Gewissensbisse, daß die Medizin machtlos sei. Sie geht mit Eifer der Hauswirtschaft nach und versteht sich darauf bis in alle Kleinigkeiten. Sie kann sogar mit Pferden umgehen. Wenn z. B. das Beipferd nicht zieht oder unruhig wird, weiß sie, wie man dem abhilft, und erteilt dem Kutscher Belehrungen. Sie liebt das Familienleben über alles, das ihr vom Schicksal verwehrt ist, und träumt anscheinend davon; wenn abends im großen Haus gespielt und gesungen wird, geht sie mit schnellen und nervösen Schritten die dunkle Allee auf und ab, wie ein Tier, das man eingesperrt hat... Ich glaube, sie hat nie jemandem etwas Böses getan, und es kommt mir so vor, als sei sie nie glücklich gewesen und würde es nie auch nur für einen Augenblick werden.

Die dritte Tochter, die an der Bestuževschen Lehranstalt Examen gemacht hat – ein junges Mädchen von männlichem Körperbau, kräftig, knochig wie ein Schlag, muskulös, braungebrannt, mit einer Stimme... Sie lacht, daß man es verstweit hört. Eine leidenschaftliche Ukrainomanin. Sie hat auf dem Gut auf eigene Kosten eine Schule bauen lassen und unterrichtet die Ukrainerkinder in Krylovs Fabeln in ukrainischer Übersetzung. Sie fährt ans Grab Ševčenkos[5] wie der Türke nach Mekka. Sie läßt sich nicht die Haare schneiden, trägt Korsett und Turnüre, geht der Wirtschaft nach, singt und lacht gern und lehnt die schablonenhafte Liebe nicht ab, obwohl sie das »Kapital« von Marx gelesen hat, aber heiraten wird sie wohl kaum, weil sie häßlich ist.

Der älteste Sohn ist ein stiller, bescheidener, kluger, talentloser und arbeitsamer Mensch, ohne Prätentionen und, offenbar, zufrieden mit dem, was das Leben ihm beschert hat. Er ist im 4. Studienjahr von der Universität verwiesen worden, prahlt aber nicht damit. Er spricht wenig. Liebt die Wirtschaft und das Land, lebt in Eintracht mit den Ukrainern.

Der zweite Sohn ist ein junger Mensch, der verrückt ist nach dem Genie Čajkovskij. Pianist. Träumt von einem Leben nach Tolstoj.

Das ist eine kurze Beschreibung der Menschen, in deren Umgebung ich jetzt lebe. Was die Ukrainer betrifft, so erinnern mich die Frauen an die Zankoveckaja[6], und alle Männer an Panas Sadovskij[7]. Oft sind viele Gäste da.

Bei mir ist Pleščeev zu Gast. Alle sehen ihn an wie einen Halbgott, halten es für ein Glück, wenn er die Sauermilch, die ihm gebracht wird, mit seiner Aufmerksamkeit beehrt, bringen ihm Blumensträuße, laden ihn überallhin ein usw. Besonders den Hof macht ihm die Jungfer Vata, eine Institutsschülerin aus Poltava, die bei den Wirtsleuten zu Gast ist. Und er »hört zu und frißt«[8] und raucht seine Zigarren, von denen seine Verehrerinnen Kopfschmerzen bekommen. Er ist schwerfällig und altersfaul, aber das hindert das schöne Geschlecht nicht daran, ihn im Boot zu rudern, auf die benachbarten Güter zu fahren und ihm Romanzen vorzusingen. Er stellt hier dasselbe dar wie in Petersburg, d. h. eine Ikone, die man anbetet, weil sie alt ist und früher einmal neben wundertätigen Ikonen gehangen hat. Ich persönlich sehe in ihm, außer daß er ein guter, warmherziger und aufrichtiger Mensch ist, ein Gefäß voller Traditionen, interessanter Erinnerungen und schöner Gemeinplätze.

Die Erzählung habe ich geschrieben und bereits ans »Novoe vremja« abgeschickt.

Was Sie mir zu den »Lichtern« schreiben, ist vollkommen richtig.

---

[5] Taras Grigorjevič (1814–1861) ukrainischer Nationaldichter.
[6] Zankoveckaja – Marija Konstantinovna, eigtl. Adasovskaja (1860–1934) ukrainische Schauspielerin.
[7] Panas Sadovskij – entweder Mikola Karpovič Sadovskij, oder Panas Karpovič Saksaganskij, beides ukrainische Schauspieler, mit bürgerlichem Namen Tobilevič.
[8] »hört zu und frißt« – aus der Fabel ›Der Kater und der Koch‹ von Ivan Krylov.

»Nikolaj und Maša« ziehen sich als roter Faden durch die »Lichter«, aber was tun? Da ich nicht gewohnt bin, lange Dinge zu schreiben, bin ich ein Zweifler; wenn ich schreibe, schreckt mich jedesmal der Gedanke, meine Novelle sei über Gebühr lang, und ich bemühe mich, so kurz wie möglich zu schreiben. Das Finale des Ingenieurs mit Kisočka war für mich ein unwesentliches Detail, das die Novelle staute, darum habe ich es weggelassen und stattdessen unwillkürlich »Nikolaj und Maša« eingesetzt.

Sie schreiben, weder das Gespräch über den Pessimismus noch die Kisočka-Novelle würden die Frage des Pessimismus vorantreiben oder gar klären. Ich glaube nicht, daß Schriftsteller solche Fragen wie Pessimismus, Gott usw. klären sollten. Sache des Schriftstellers ist es darzustellen, wer, wie und unter welchen Umständen über Gott oder den Pessimismus gesprochen oder gedacht hat. Der Künstler soll nicht Richter seiner Personen und ihrer Gespräche sein, sondern nur ein leidenschaftsloser Zeuge. Ich hörte ein ungeordnetes, nicht klärendes Gespräch zweier russischer Menschen über den Pessimismus und muß dieses Gespräch in der Gestalt wiedergeben, wie ich es gehört habe, beurteilen werden es die Geschworenen, d. h. die Leser. Meine Sache ist nur, Talent zu haben, d. h. die Fähigkeit zu besitzen, die wichtigen Äußerungen von den unwichtigen zu unterscheiden, Figuren zu beleuchten und ihre Sprache zu sprechen. Ščeglov-Leontjev wirft mir vor, daß ich die Erzählung mit dem Satz beende: »Ja, man begreift nichts auf dieser Welt!« Seiner Meinung nach *muß* der Künstler und Psychologe begreifen, dazu sei er Psychologe. Ich bin nicht seiner Meinung. Die Schreibenden, besonders die Künstler, müssen sich allmählich eingestehen, daß man auf dieser Welt nichts begreifen kann, so wie sich das einst Sokrates und Voltaire eingestanden haben. Die Menge meint, alles zu wissen und alles zu begreifen; und je dümmer sie ist, desto weiter erscheint ihr ihr Horizont. Wenn sich aber der Künstler, dem die Menge glaubt, dazu entschließt zu erklären, daß er nichts von dem begreift, was er sieht, so stellt das bereits ein großes Wissen dar und einen großen Schritt vorwärts.

Was Ihr Theaterstück betrifft, so hadern Sie zu unrecht mit ihm. Seine Mängel liegen nicht darin, daß Sie zu wenig Talent und Beobachtungsgabe besäßen, sondern im Charakter Ihrer schöpferischen Tätigkeit. Sie neigen mehr zum strengen, durch die Lektüre der klassischen Vorbilder und die Liebe zu ihnen anerzogenen Schaffen. Stellen Sie sich vor, Ihre »Tatjana« wäre in Versen geschrieben, und Sie werden sehen, daß ihre Mängel ein ganz anderes Gesicht bekommen. Wenn sie in Versen geschrieben wäre, so würde niemand bemerken, daß alle handelnden Personen ein und dieselbe Sprache sprechen, würde niemand ihren Helden vorwerfen, daß sie nicht sprechen, sondern philosophieren und feuilletonisieren, – all das verschmilzt in der klassischen Versform zu einem allgemeinen Ton, wie der Rauch in der Luft –, und niemand würde das Fehlen der banalen Sprache und banaler, kleinlicher Bewegungen bemerken, die das moderne Drama und die Komödie im Überfluß haben muß und die Ihre »Tatjana« überhaupt nicht hat. Geben Sie Ihren Helden lateinische Namen, kleiden Sie sie in Togen, und es kommt dasselbe heraus ... Die Mängel Ihres Stückes sind nicht zu beseitigen, weil sie organisch sind. Trösten Sie sich damit, daß sie ein Produkt Ihrer positiven Eigenschaften sind und daß, wenn Sie diese Ihre Mängel anderen Dramatikern, zum Beispiel Krylov oder Tichonov schenken würden, deren Stücke davon interessanter und klüger werden würden. [...]

An die Familie Čechov

Feodosija,
22./23. 7. 1888

Liebe Hausgenossen! Hiermit setze ich euch davon in Kenntnis, daß ich Feodosija morgen verlassen werde. Meine Faulheit vertreibt mich von der Krim. Ich habe keine einzige Zeile geschrieben und keine Kopeke verdient; wenn meine ekelhafte Faulenzerei noch 1–2 Wochen andauert, so verbleibt mir kein einziger Groschen, und die Familie Čechov wird in Lika überwintern müssen. Ich hatte davon geträumt, auf der Krim ein Theaterstück und 2–3 Erzählungen zu schreiben, aber es stellte sich heraus, daß man unter dem Himmel des Südens leichter lebendigen Leibes zum Himmel auffahren kann, als auch nur eine Zeile zu schreiben. Ich stehe um 11 Uhr auf, gehe um 3 in der Nacht schlafen, esse den ganzen Tag, trinke und rede, rede, rede ohne Ende. Ich habe mich in eine Gesprächsmaschine verwandelt. Suvorin tut ebenfalls nichts, und wir haben bereits sämtliche Fragen gelöst. Ein sattes, randvolles Leben, das einen verschlingt ... Das Faulenzen am Strand, mit Chartreuse, Wein und Rum, Raketen, Baden, die fröhlichen Diners, Spazierfahrten, Romanzen – all das macht die Tage kurz, man merkt sie kaum; die Zeit fliegt, fliegt dahin, und der Kopf döst beim Rauschen der Wellen und mag nicht arbeiten ... Die Tage sind heiß, die Nächte schwül, asiatisch ... Nein, ich muß wegfahren!

Gestern war ich in Šach-mamaj, auf dem Gut Ajvazovskijs, 25 Verst von Feodosija entfernt. Das Gut ist wunderschön, ein wenig wie im Märchen; solche Güter kann man wahrscheinlich in Persien sehen. Ajvazovskij, ein rüstiger Greis von etwa 75 Jahren, ist eine Mischung aus einem gutmütigen Armenier und einem zugereisten Bischof; der eignen Würde voll bewußt, hat er weiche Hände, die er einem gibt wie ein General. Keine sonderlich weite, aber komplizierte und interessante Natur. Er vereinigt alles in einem – den General, den Bischof, den Künstler, den Armenier, den naiven Großvater, und Othello. Verheiratet mit einer jungen und sehr schönen Frau, die er fest unter der Fuchtel hält. Verkehrt mit Sultanen, Schahs und Emiren. Hat gemeinsam mit Glinka »Ruslan und Ljudmila« geschrieben. War mit Puškin befreundet, hat Puškin aber nicht gelesen. Er hat in seinem ganzen Leben kein Buch zu Ende gelesen. Wenn man ihm etwas zu lesen empfiehlt, sagt er: »Warum soll ich das lesen, wo ich doch meine eigene Meinung habe?« Ich war den ganzen Tag bei ihm und habe bei ihm gegessen. Ein langes, sich hinziehendes Essen, mit endlosen Trinksprüchen. Unter anderem habe ich bei dem Essen die Tarnovskaja kennengelernt, Ärztin, die Frau des berühmten Professors. Sie ist ein dicker, verfetteter Klumpen Fleisch. Wenn man sie nackt ausziehen und grün anmalen würde, käme ein Teichfrosch heraus. Nach der Unterhaltung mit ihr habe ich sie in Gedanken aus dem Ärzteverzeichnis gestrichen.

Ich sehe viele Frauen; die beste von allen ist die Suvorina. Sie ist ebenso originell wie ihr Mann und denkt nicht wie Frauen. Sie redet viel Unsinn, aber wenn sie ernst sein will, redet sie klug und selbständig. Sie ist bis über die Ohren verliebt in Tolstoj und kann daher die moderne Literatur auf den Tod nicht leiden. Wenn man mit ihr über Literatur spricht, spürt man, daß Korolenko, Bežeckij, ich und

andere ihre persönlichen Feinde sind. Sie verfügt über das ungewöhnliche Talent, ununterbrochen Unsinn zu schwatzen, aber mit Talent und so interessant, daß man ihr den ganzen Tag zuhören kann, ohne sich zu langweilen, wie einem Kanarienvogel. Überhaupt ist sie ein interessanter, kluger und guter Mensch. Abends sitzt sie am Meeresstrand und weint, morgens lacht sie und singt Zigeunerromanzen...

Eines von beidem: entweder fahre ich direkt nach Hause, oder dorthin, wo der Pfeffer wächst. Im ersten Fall erwartet mich in einer Woche, im zweiten erwartet mich nicht in einer Woche. [...]

Ich hoffe, ihr habt alle zu essen, Tabak usw. Spart nicht. Spart um so weniger, als ohnehin nichts da ist.

Ich küsse alle.

A. Čechov.

An A. N. Pleščeev

Moskau,
4. 10. 1888

Wenn Sie meine Erzählung gelesen haben, schreiben Sie mir. Sie wird Ihnen nicht gefallen, aber vor Ihnen und Anna Michajlovna habe ich keine Angst. Angst habe ich vor denen, die zwischen den Zeilen eine Tendenz suchen und die mich unbedingt als einen Liberalen oder als Konservativen sehen wollen. Ich bin kein Liberaler, kein Konservativer, kein Reformanhänger, kein Mönch, kein Indifferenter. Ich möchte ein freier Künstler sein und nichts weiter, und ich bedaure, daß Gott mir nicht die Kraft gegeben hat, einer zu sein. Ich hasse Lüge und Gewalt in all ihren Erscheinungsformen, und Konsistorialsekretäre sind mir gleichermaßen zuwider wie Notovič und Gradovskij[9]. Pharisäertum, Stumpfsinn und Willkür herrschen nicht allein in Kaufmannshäusern und Gefängnissen; ich sehe sie in der Wissenschaft, in der Literatur, unter der Jugend ... Darum hege ich gleichermaßen geringe Vorliebe für Gendarmen, für Fleischer, für Gelehrte, für Schriftsteller, für die Jugend. Firma und Etikett halte ich für ein Vorurteil. Mein Allerheiligstes sind – der menschliche Körper, Gesundheit, Geist, Talent, Begeisterung, Liebe und absolute Freiheit, Freiheit von Gewalt und Lüge, worin sich die beiden letzteren auch äußern mögen. Das ist das Programm, an das ich mich halten würde, wenn ich ein großer Künstler wäre.

Aber ich habe mich verschwatzt. Bleiben Sie gesund.

An A. S. Suvorin

Melichovo,
25. II. 1892

Es ist nicht schwer, Sie zu verstehen, und sie schimpfen ohne Grund auf sich, daß Sie sich unklar ausdrückten. Sie sind ein harter Trinker, und ich habe Ihnen süße Limonade vorgesetzt, und nun, indem Sie der Limonade Gerechtigkeit widerfahren lassen, bemerken Sie, daß die Limonade keinen Sprit enthält. In unseren Werken fehlt eben der Alkohol, der einen betrunken macht und versklavt, und das geben Sie durchaus klar zu verstehen. Weshalb fehlt er? Lassen wir den »Krankensaal Nr. 6« und mich persönlich beiseite, sprechen wir allgemein, das ist interessanter. Sprechen wir, wenn es Sie nicht langweilt, von den allgemeinen Gründen und erfassen die ganze Epoche. Sagen Sie ehrlich, wer von meinen Altersgenossen, d. h. den Leuten zwischen 30 und 45 Jahren, hat der Welt auch nur einen Tropfen Alkohol gegeben? Sind Korolenko, Nadson und alle heutigen Dramatiker etwa keine Limonade? Die Bilder von Repin oder Šiškin, haben die Ihnen etwa den Kopf verdreht? Das ist nett, talentiert. Sie sind entzückt und können gleichzeitig einfach nicht vergessen, daß Sie rauchen möchten. Wissenschaft und Technik erleben jetzt eine große Zeit, für unsereinen dagegen ist diese Zeit brüchig, sauer, langweilig, wir selbst sind sauer und langweilig, wir können nur Guttaperchakinder zur Welt bringen, und das sieht einzig Stasov nicht, dem die Natur die seltene Fähigkeit verliehen hat, sogar von Spülwasser betrunken zu werden. Die Gründe liegen nicht in unserer Dummheit,

---

[9] Notovič und Gradovskij, Journalisten, Herausgeber der Zeitung ›Novosti i birževaja gazeta‹.

Melichowo,
Das Gartenhaus, in dem Čechov *Die Möwe* schrieb

nicht in unserer mangelnden Begabung und nicht in der Unverschämtheit, wie Burenin meint, sondern in einer Krankheit, die für einen Künstler schlimmer ist als Syphilis und Impotenz. Uns fehlt das »Etwas«, das ist wahr, und das bedeutet, daß, wenn Sie unserer Muse den Rocksaum hochheben, Sie dort eine flache Stelle sehen werden. Denken Sie daran, daß Schriftsteller, die wir ewig oder einfach gut nennen und die uns betrunken machen, ein gemeinsames und sehr wichtiges Merkmal besitzen: Sie kommen von irgendwo her und rufen Sie dorthin, und Sie spüren es nicht mit dem Verstand, sondern mit Ihrem ganzen Wesen, daß sie ein bestimmtes Ziel haben, so wie der Schatten von Hamlets Vater, der nicht ohne Grund erschienen ist und die Geister beunruhigt. Die einen haben, je nach Kaliber, nahe Ziele – die Leibeigenschaft, die Befreiung der Heimat, die Politik, die Schönheit oder einfach den Vodka, wie Denis Davydov, die anderen haben Fernziele – Gott, das Leben nach dem Tode, das Glück der Menschheit usw. Die besten von ihnen sind Realisten und beschreiben das Leben so, wie es ist, weil aber jede Zeile wie von Saft durchtränkt ist von dem Bewußtsein des Ziels, spüren Sie außer dem Leben, wie es ist, auch noch dasjenige Leben, so wie es sein soll, und das fesselt Sie. Wir dagegen? Wir! Wir beschreiben das Leben so, wie es ist, und weiter weder piep noch pup ... Weiter prügeln Sie uns nicht mal mit der Peitsche. Wir haben weder Nah- noch Fernziele, unser Herz ist wie leergefegt. Wir haben keine Politik, an eine Revolution glauben wir nicht, wir haben keinen Gott, haben keine Angst vor Gespenstern, ich persönlich habe nicht einmal Angst vor dem Tod oder dem Erblinden. Wer nichts will, auf nichts hofft und vor nichts Angst hat, der kann kein Künstler sein. Ob dies eine Krankheit ist oder nicht – es geht nicht um die Bezeichnung, sondern um das Eingeständnis unserer Lage, die schlimmer ist als die eines Gouverneurs. Ich weiß nicht, was in 10–20 Jahren mit uns sein wird, dann werden sich die Umstände vielleicht geändert haben, aber vorläufig wäre es übereilt, von uns irgendetwas wirklich Vernünftiges zu erwarten, unabhängig davon, ob wir Talent haben oder nicht. Wir schreiben automatisch, indem wir uns nur der lange eingefahrenen Ordnung unterwerfen, nach der die einen dienen, die anderen Handel treiben, wieder andere schreiben ... Sie und Grigorovič finden, ich sei klug. Ja, klug zumindest insofern, als ich meine Krankheit nicht vor mir verberge und mich nicht belüge und meine Leere nicht mit fremden Flicken bemäntele wie etwa den Ideen der 60er Jahre usw. Ich werde mich nicht wie Garšin in einen Treppenschacht stürzen, aber ich werde mir auch nicht schmeicheln mit Hoffnungen auf eine bessere Zukunft. Nicht ich bin schuld an meiner Krankheit, und nicht ich kann mich von ihr heilen, denn diese Krankheit hat, wie man annehmen sollte, ihre uns verborgenen guten Ziele und ist uns nicht grundlos geschickt worden ... Nicht grundlos, nicht grundlos ließ der Husar den Hund los! [...]

An A. S. Suvorin

Melichovo,
3. 12. 1892

Daß die jüngste Generation von Schriftstellern und Malern beim Schaffen keine Ziele hat, ist eine vollkommen gesetzmäßige, folgerichtige und interessante Erscheinung, und wenn die Sazonova[10] aus heiterem Himmel vor einem Schreckgespenst erschrickt, so bedeutet dies nicht, daß ich in meinem Brief geheuchelt oder meinen Sinn verstellt hätte. Sie haben selbst die Unehrlichkeit aus ihrem Brief herausgelesen, gleich nach dem sie Ihnen geschrieben hatte, sonst hätten Sie mir ihren Brief nicht geschickt. In meinen Briefen an Sie bin ich oft ungerecht und naiv, aber ich schreibe nie etwas, das ich nicht im Sinn gehabt hätte.

Wenn Sie auf Unehrlichkeit aus sind, so enthält der Brief der Sazonova davon eine Million Pud. »Das größte Wunder ist der Mensch selbst, und wir werden nie müde werden, ihn zu studieren ...« oder »Der Sinn des Lebens – das ist das Leben selbst ...« oder »Ich glaube an das Leben, an seine lichten Augenblicke, um derentwillen man nicht nur leben kann, sondern sogar leben muß, ich glaube an den Menschen, an die guten Seiten seiner Seele« usw. Ist das nicht etwa alles unehrlich, und bedeutet es auch nur irgendetwas? Das ist keine Anschauung, das sind saure Drops. Sie unterstreicht das »kann« und »muß«, weil sie Angst hat, von dem zu sprechen, was ist und worauf man gefaßt sein muß. Soll sie zuerst sagen, was ist, dann höre ich auch zu, was »man kann« und was »man muß«. Sie glaubt »an das Leben«, und das bedeutet, daß sie an nichts glaubt, wenn sie klug ist, oder aber sie glaubt einfach an den Gott der Bauern und bekreuzigt sich im Dunkeln, wenn sie ein altes Weib ist.

Unter dem Eindruck ihres Briefes schreiben Sie vom »Leben um des Lebens willen«. Ergebensten Dank. Dieser lebensfrohe Brief von ihr ist einem Grab doch 1000 mal ähnlicher als meiner. Ich schreibe, es gibt keine Ziele, und Sie verstehen, daß ich diese Ziele für unerläßlich halte und gern auf die Suche nach ihnen gehen würde, die Sazonova dagegen schreibt, man solle den Menschen nicht mit allen möglichen Gütern locken, die er nie bekommen werde ... »Sei zufrieden mit dem, was du hast«, und ihrer Meinung nach besteht unser ganzes Übel darin, daß wir dauernd nach irgendwelchen höheren und entfernten Zielen suchen. Wenn das

---

[10] Sofja Ivanova, Mitarbeiterin des ›Novoe vremja‹.

keine Weiberlogik ist, dann ist es doch eine Philosophie der Verzweiflung. Wer ehrlich der Meinung ist, der Mensch brauche höhere und entfernte Ziele so wenig wie die Kuh, und in diesen Zielen liege »unser ganzes Übel«, dem bleibt nichts anderes übrig als zu essen, zu trinken, zu schlafen oder, wenn ihm das auf die Nerven fällt, Anlauf zu nehmen und mit der Stirn gegen eine Ecke der Truhe zu rennen. [...]

An Maksim Gorkij
Jalta,
3. 12. 1898

Sehr geehrter Aleksej Maksimovič, Ihr letzter Brief hat mir großes Vergnügen bereitet. Ich danke Ihnen von ganzem Herzen. »Onkel Vanja« ist vor langer, sehr langer Zeit geschrieben worden; ich habe ihn nie auf der Bühne gesehen. In den letzten Jahren hat man angefangen, ihn häufig auf Provinzbühnen zu spielen – vielleicht, weil ich einen Band mit meinen Stücken herausgegeben habe. Meine Stücke lassen mich im allgemeinen kalt, ich habe mich seit langem vom Theater zurückgezogen und habe auch keine Lust mehr, fürs Theater zu schreiben.

Sie fragen nach meiner Meinung zu Ihren Erzählungen? Meine Meinung? Sie haben zweifellos Talent, und zwar ein großes, echtes Talent. Es äußert sich zum Beispiel in der Erzählung »In der Steppe« mit ungewöhnlicher Kraft, und mich hat sogar der Neid gepackt, daß nicht ich sie geschrieben habe. Sie sind ein Künstler, ein kluger Mensch. Sie haben ein hervorragendes Gespür. Sie sind plastisch, d. h. wenn Sie eine Sache darstellen, so sehen Sie sie und betasten Sie mit den Händen. Das ist echte Kunst. Da haben Sie meine Meinung, und ich bin sehr froh, sie Ihnen sagen zu können. Ich wiederhole, ich bin sehr froh und wenn wir uns persönlich kennenlernen würden und ein, zwei Stunden miteinander geredet hätten, so könnten Sie sich davon überzeugen, wie hoch ich Sie schätze und welche Hoffnungen ich in Ihre Begabung setze.

Soll ich nun von den Mängeln sprechen? Aber das ist nicht so leicht. Von den Mängeln eines Talents zu sprechen, das ist dasselbe, wie von den Mängeln eines großen Baums zu sprechen, der im Garten wächst; da geht es doch in erster Linie nicht um den Baum an sich, sondern um den Geschmack derer, die den Baum betrachten. Oder nicht?

Ich will damit beginnen, daß Sie, meiner Meinung nach, keine Beherrschung haben. Sie sind wie der Zuschauer im Theater, der seine Begeisterung so unbeherrscht äußert, daß er sich und andere beim Zuhören stört. Besonders spürt man diese Unbeherrschtheit in den Naturbeschreibungen, die Sie zwischen die Dialoge setzen; wenn man sie liest, diese Beschreibungen, so wünschte man sich, sie wären kürzer, kompakter, so 2–3

Zeilen lang. Die häufigen Erwähnungen von Wonne, Flüstern, samtener Weichheit usw. verleihen diesen Beschreibungen etwas Rhetorisches, Eintöniges – und lassen einen kaltwerden, ermüden einen beinahe. Unbeherrschtheit spürt man auch in Darstellungen der Frauen (»Malva«, »Die Holzflößer«) und in den Liebesszenen. Das ist kein Schwung, kein kühner Pinselstrich, sondern eben Unbeherrschtheit. Sodann die häufige Verwendung von Wörtern, die unpassend sind in Erzählungen Ihres Typs. Akkompagnement, Diskus, Harmonie – solche Wörter stören. Sie sprechen oft von Wellen. In der Darstellung von Intellektuellen spürt man eine Spannung, eine Art Vorsicht; nicht weil Sie Intellektuelle nicht oft genug beobachtet hätten, Sie kennen sie, aber es ist, als wüßten Sie nicht recht, von welcher Seite Sie sich ihnen nähern sollen.

Wie alt sind Sie? Ich kenne Sie nicht, ich weiß nicht, woher Sie kommen und wer Sie sind, aber mir scheint, Sie sollten, solange Sie jung sind, Nižnij verlassen und zwei, drei Jahre lang leben, sich sozusagen an Literatur und Leuten, die mit Literatur zu tun haben, die Hörner abstoßen, nicht um von unseren Hähnen zu lernen und sich noch mehr Witz anzueignen, sondern um endgültig die Nase in die Literatur zu stecken und sie liebzugewinnen; außerdem macht die Provinz früh alt. [...]

An Maksim Gorkij

Jalta
3. 1. 1899

Lieber Aleksej Maksimovič,
[...] Sie haben mich offenbar nicht recht verstanden. Ich hatte Ihnen nicht von Grobheit geschrieben, sondern von Fremdwörtern, von nicht eigentlich russischen oder selten gebrauchten Wörtern, die fehl am Platz sind. Bei anderen Autoren bemerkt man Wörter wie zum Beispiel »fatalistisch« überhaupt nicht, aber Ihre Sachen sind musikalisch, sind harmonisch, bei Ihnen schreit geradezu jede kleine Unebenheit. Natürlich ist das Geschmackssache, und vielleicht spricht aus mir nur eine übermäßige Gereiztheit oder der Konservativismus eines Menschen, der seit langem schon bestimmte Gewohnheiten angenommen hat. Ich finde mich ab mit einem »Kollegienassessor« und einem »Kapitän zweiten Ranges«, »Flirt« und »Champion« dagegen (wenn sie in Beschreibungen vorkommen) erregen Widerwillen in mir.

Sie sind Autodidakt? In Ihren Erzählungen sind Sie durch und durch Künstler, und dabei ein echter Intellektueller. Am wenigsten eignet Ihnen gerade Grobheit, Sie sind klug und haben ein feines und schönes Gespür. Ihre besten Sachen sind »In der Steppe« und »Die Holzflößer« – hatte ich Ihnen das geschrieben? Das sind vorzügliche, mustergültige Sachen, in ihnen erkennt man den Künstler, der eine gute Schule absolviert hat. Ich glaube nicht, daß ich mich irre. Der einzige Mangel – Sie haben keine Beherrschung, keine Grazie. Wenn ein Mensch auf eine bestimmte Handlung die geringste Menge an Bewegungen verwendet, so ist das Grazie. In Ihren Aufwendungen spürt man Überfluß.

Ihre Naturbeschreibungen sind künstlerisch; Sie sind ein echter Landschaftsmaler. Nur die häufigen Vergleiche mit dem Menschen (Anthropomorphismus), wenn das Meer atmet, der Himmel blickt, die Steppe sich räkelt, die Natur flüstert, spricht, trauert usw. – solche Vergleiche machen die Beschreibungen ein wenig monoton, manchmal süßlich, manchmal unklar; Farbigkeit und Ausdruckskraft in Naturbeschreibungen erreicht man nur durch Einfachheit, mit solch einfachen Sätzen wie »die Sonne war untergegangen«, »es wurde dunkel«, »es fing an zu regnen« usw. – und diese Einfachheit ist Ihnen in hohem Maße eigen, wie selten einem unserer Belletristen. [...]

Jetzt zum Vagabundenleben. Das, d. h. das Vagabundenleben, ist etwas sehr Schönes, Verlockendes, aber mit den Jahren wird man irgendwie schwerer, man setzt sich an einem Ort fest. Und die literarische Tätigkeit bringt das auch mit sich. Mit Mißerfolgen und Enttäuschungen vergeht die Zeit schnell, man sieht das wirkliche Leben nicht mehr, und die Vergangenheit, als ich so frei war, erscheint mir schon nicht mehr als meine eigene, sondern als die eines Fremden. [...]

An Maksim Gorkij

Moskau,
22. 6. 1899

Warum blasen Sie dauernd Trübsal, teurer Aleksej Maksimovič? Warum schimpfen Sie wie wild auf Ihren »Foma Gordeev«? Dafür gibt es, glaube ich, außer allem übrigen, mit Ihrer Erlaubnis, zwei Gründe. Sie haben erfolgreich begonnen, haben mit furore begonnen, und jetzt kann Sie alles, was Ihnen alltäglich und gewöhnlich erscheint, nicht mehr befriedigen und quält Sie. Das zum ersten. Zweitens kann ein Literat nicht ungestraft in der Provinz leben. Was immer Sie auch sagen mögen, Sie haben von der Literatur gekostet, Sie sind bereits hoffnungslos vergiftet, Sie sind Literat und werden Literat bleiben. Das Natürlichste für einen Literaten ist, daß er sich in der Nähe der literarischen Kreise aufhält, unter Schriftstellern lebt, Literatur atmet. Kämpfen Sie nicht an gegen diese Natur, unterwerfen Sie sich ihr ein für alle Male und ziehen Sie nach Petersburg oder Moskau. Streiten Sie sich mit den Literaten herum, erkennen Sie sie nicht an, verachten Sie sie zur Hälfte, aber leben Sie mit ihnen. [...]

An O. L. Knipper

Jalta,
4. 10. 1899

Liebe Schauspielerin, Sie haben alles stark übertrieben in Ihrem düsteren Brief, das ist offensichtlich, denn die Zeitungen haben die Premiere durchaus wohlwollend aufgenommen. Wie dem auch sei, ein–zwei erfolglose Vorstellungen sind durchaus kein hinreichender Grund, die Nase hängen zu lassen und die ganze Nacht nicht zu schlafen. Die Kunst, besonders die Bühne, ist ein Bereich, wo man nicht gehen kann, ohne zu stolpern. Vor Ihnen liegen noch viele erfolglose Tage, ganze erfolglose Spielzeiten; es wird sowohl große Mißverständnisse als auch tiefe Enttäuschungen geben, – auf all das muß man gefaßt sein, man muß damit rechnen und trotz alledem hartnäckkig, fanatisch seine eigene Linie verfolgen.

Und natürlich haben Sie recht: Alekseev sollte nicht den Groznyj spielen. Das ist nicht seine Sache. Wenn er Regisseur ist, ist er ein Künstler, wenn er spielt, ist er ein junger, reicher Kaufmann, der Lust bekommen hat, sich mit der Kunst zu amüsieren.

Ich war 3–4 Tage krank, jetzt sitze ich zu Hause. Es kommen unerträglich viele Besucher. Müßige Provinzzungen plappern, und ich langweile mich, ärgere, ärgere mich und beneide die Ratte, die unter dem Boden Ihres Theaters lebt.

Den letzten Brief haben Sie um 4 Uhr morgens geschrieben. Wenn Sie den Eindruck haben, daß »Onkel Vanja« nicht den Erfolg haben werde, den Sie sich wünschen, dann bitte, legen Sie sich schlafen und schlafen Sie fest. Sie sind vom Erfolg verwöhnt, Sie können schon den Alltag nicht mehr ertragen.

In Petersburg wird den »Onkel Vanja«, wahrscheinlich, Davydov spielen, und er wird ihn gut spielen, das Stück wird aber sicher trotzdem durchfallen.

Wie geht es Ihnen? Schreiben Sie mehr. Sehen Sie, ich schreibe Ihnen fast jeden Tag. Der Autor schreibt so oft an die Schauspielerin – darunter wird noch mein Stolz anfangen zu leiden. Schauspielerinnen soll man kurzhalten, und nicht ihnen Briefe schreiben.

Ich vergesse immer, daß ich der Inspektor der Schauspielerinnen bin.

Bleiben Sie gesund, kleiner Engel.

Ihr A. Čechov.

An G. I. Rossolimo

Jalta,
11. 10. 1899

[...] Ich, A. P. Čechov, wurde am 17. Januar 1860 in Taganrog geboren. Ich besuchte zuerst die griechische Schule an der Kirche des Kaisers Konstantin, danach das Gymnasium von Taganrog. 1879 immatrikulierte ich mich an der Medizinischen Fakultät der Universität Moskau. Von den Fakultäten hatte ich damals nur eine schwache Vorstellung, und aus welchen Gründen ich die Medizinische Fakultät wählte, weiß ich nicht mehr, aber ich habe diese Wahl später nie bereut. Bereits im ersten Studienjahr begann ich, in Wochenzeitschriften und Zeitungen zu veröffentlichen, und diese Beschäftigung mit der Li-

Čechov mit Maksim Gorkij in Jalta, 5. Mai 1900

Čechov mit seiner Frau Olga L. Knipper, Jalta 1902

teratur nahm bereits Anfang der Achtziger Jahre festen, professionellen Charakter an. 1888 erhielt ich den Puškin-Preis. 1890 bereiste ich die Insel Sachalin, um danach ein Buch über unsere Strafkolonie und die Katorga zu schreiben. Die gerichtsmedizinischen Berichte, Rezensionen, Feuilletons und Notizen nicht eingerechnet, umfaßt alles, was ich tagaus tagein für Zeitungen im Verlauf von 20 Jahren literarischer Tätigkeit geschrieben und veröffentlicht habe und was jetzt schwierig wäre, herauszusuchen und zu sammeln, mehr als 300 Druckbogen an Novellen und Erzählungen. Ich habe auch Theaterstücke geschrieben.

Ich bezweifle nicht, daß meine Beschäftigung mit den medizinischen Wissenschaften großen Einfluß auf meine literarische Tätigkeit gehabt hat, sie hat den Horizont meiner Beobachtungen beträchtlich erweitert, hat mich um Kenntnisse bereichert, deren wahren Wert für mich als Schriftsteller nur der ermessen kann, der selbst Arzt ist; sie besaß auch richtungsweisenden Einfluß, und wahrscheinlich ist es mir, dank meiner Nähe zur Medizin, gelungen, viele Fehler zu vermeiden. Die Bekanntschaft mit den Naturwissenschaften, mit der wissenschaftlichen Methode hat mich immer wachsam bleiben lassen, und ich habe mich bemüht, mein Schreiben dort, wo es möglich war, mit den wissenschaftlichen Gegebenheiten in Einklang zu bringen, wo dies hingegen unmöglich war, zog ich es vor, gar nicht zu schreiben. Nebenbei merke ich an, daß die Bedingungen des künstlerischen Schaffens völlige Übereinstimmung mit den wissenschaftlichen Gegebenheiten nicht immer zulassen; es ist unmöglich, auf der Bühne den Tod durch Gift so darzustellen, wie er sich in Wirklichkeit abspielt. Aber die Übereinstimmung mit den wissenschaftlichen Gegebenheiten sollte man auch in dieser Bedingtheit spüren, d. h. dem Leser oder Zuschauer soll klarwerden, daß es sich nur um eine Bedingtheit handelt und daß er es mit einem Schriftsteller zu tun hat, der sich dessen bewußt ist. Ich gehöre nicht zu den Schriftstellern, die sich der Wissenschaft gegenüber negativ verhalten; und zu denjenigen, die alles aus ihrem eigenen Verstande schöpfen, möchte ich nicht gehören.

Was die prakt. Medizin betrifft, so habe ich noch als Student am Zemstvokrankenhaus von Voskresensk (bei Novyj Ierusalim) bei dem berühmten Zemstvo-Arzt P. A. Archangelskij gearbeitet, danach für kurze Zeit als Arzt am Krankenhaus von Zvenigorod. In den Cholerajahren (92, 93) leitete ich das Revier Melichovo, Kreis Serpuchov.

An O. L. Knipper

Jalta,
30. 10. 1899

Liebe Schauspielerin, gutes Menschenkind, Sie fragen, ob ich Lampenfieber hätte. Aber daß der »Onkel V.« am 26. Premiere hatte, habe ich offiziell doch erst aus Ihrem Brief erfahren, den ich am 27. bekam. Die Telegramme begannen am 27. abends zu kommen, als ich bereits im Bett war. Sie werden mir telephonisch übermittelt. Ich wachte jedesmal auf und lief im Dunkeln ans Telephon, barfuß, und fror sehr; dann war ich kaum wieder eingeschlafen, als es wieder klingelte und wieder. Das erste Mal, daß mich mein eigener Ruhm nicht schlafen ließ. Am nächsten Tag habe ich mir vor dem Schlafengehen Pantoffeln und Schlafrock ans Bett gelegt, aber da kamen keine Telegramme mehr.

In den Telegrammen war von nichts anderem die Rede als von Vorhängen und einem glänzenden Erfolg, aber es war darin etwas Feines, kaum Faßbares zu spüren, dem ich entnehmen konnte, daß die Stimmung bei Ihnen allen nicht die beste ist. Die Zeitungen, die ich heute bekam, haben diese meine Vermutung bestätigt. Ja, Schauspielerin, Ihnen allen, den Künstlerschauspielern, ist schon ein gewöhnlicher, mittlerer Erfolg zu wenig. Ihr wollt nur noch Knall, Salutschüsse, Dynamit. Ihr seid total verwöhnt, betäubt vom ständigen Gerede über Erfolge, volle und leere Häuser, seid von dieser Droge bereits vergiftet, und in 2-3 Jahren werdet ihr überhaupt nichts mehr wert sein! Da habt ihrs!

Wie geht es Ihnen? Wie fühlen Sie sich? Ich bin immer noch hier und immer noch derselbe; ich arbeite, pflanze Bäume.

Aber es sind Gäste gekommen, ich kann nicht weiterschreiben. Die Gäste haben sich seit über einer Stunde festgesetzt, jetzt wollen sie Tee. Also gehe ich und setze den Samowar auf. Oh, ist das langweilig! [...]

Schauspielerin, schreiben Sie, bei allen Heiligen, sonst langweile ich mich so. Ich sitze wie im Gefängnis und ärgere und ärgere mich.

An V. Ê. Mejerchold

Jalta,
Anfang Oktober 1899
[...] Jetzt zur Nervosität. Man sollte die Nervosität nicht unterstreichen, damit nicht die neuropathologische Natur das Übergewicht bekommt und dasjenige verdeckt, was wichtiger ist, nämlich die Einsamkeit, die nur von hochentwickelten, dabei (in höchster Bedeutung) gesunden Menschen empfunden wird. Spielen Sie einen einsamen Menschen, und zeigen Sie die Nervosität nur insoweit, als sie im Text selbst vorgegeben ist. Behandeln Sie diese Nervosität nicht als eine private Erscheinung; denken Sie daran, daß gegenwärtig beinahe jeder kultivierte Mensch, selbst der gesündeste, nirgends eine solche Gereiztheit erlebt wie zu Hause, in seiner eigenen Familie, denn die Disharmonie zwischen Vergangenheit und Gegenwart spürt man vor allem in der Familie. Es ist eine chronische Gereiztheit, ohne Pa-

thos, ohne krampfhafte Ausbrüche, dieselbe Gereiztheit, die von Gästen gar nicht bemerkt wird und die in ihrer ganzen Schwere vor allem auf den Allernächsten lastet – der Mutter, der Frau, – sozusagen eine familiäre, intime Gereiztheit. Halten Sie sich nicht zu sehr bei ihr auf, zeigen Sie sie nur als *einen* typischen Zug, überziehen Sie sie nicht, sonst wird daraus kein einsamer, sondern ein reizbarer junger Mensch. Ich weiß, Konstantin Sergeevič wird auf dieser überflüssigen Nervosität insistieren, er hat zu ihr ein übertriebenes Verhältnis, aber geben Sie ihm nicht nach; opfern Sie nicht Schönheit und Kraft der Stimme und der Rede einer solchen Kleinigkeit wie einem Akzent. Tun Sie das nicht, denn Gereiztheit ist tatsächlich nur ein Detail, eine Kleinigkeit. [...]

An O. L. Knipper

Jalta,
2. I. 1900

Seien Sie gegrüßt, liebe Schauspielerin! Sie sind böse, daß ich Ihnen so lange nicht geschrieben habe? Ich habe Ihnen oft geschrieben, aber Sie haben meine Briefe nicht bekommen, weil sie einer unserer gemeinsamen Bekannten auf der Post abgefangen hat.

Ich wünsche Ihnen ein gutes, glückliches Neues Jahr. Ich wünsche Ihnen wirklich Glück und verneige mich bis zur Erde. Werden Sie glücklich, reich, gesund, fröhlich.

Das Leben, das wir führen, ist ganz schön, wir essen viel, schwatzen viel, lachen viel und denken oft an Sie. Maša wird Ihnen erzählen, wie wir die Feiertage verbracht haben.

Ich gratulieren Ihnen zum Erfolg der »Einsamen« nicht. Ich hoffe noch immer, daß Sie alle nach Jalta kommen werden, daß ich die »Einsamen« auf der Bühne sehen und Ihnen dann herzlich, richtig gratulieren können werde. Ich habe Mejerchold geschrieben und ihn in meinem Brief zu überzeugen versucht, nicht zu dick aufzutragen bei der Darstellung des nervösen Menschen. Die überwiegende Mehrheit der Menschen ist doch nervös, die Mehrheit leidet, die Minderheit verspürt den scharfen Schmerz, aber wo – wo auf den Straßen und in den Häusern – sehen Sie Menschen, die hin und her rennen, springen, sich an den Kopf fassen? Das Leiden muß man so darstellen, wie es sich im Leben äußert, d. h. nicht mit Händen und Füßen, sondern im Tonfall, im Blick; nicht mit wildem Gestikulieren, sondern mit Grazie. Feine seelische Regungen, wie sie Intellektuellen eigen sind, muß man auch im Äußeren fein darstellen. Sie werden sagen: die Bedingungen der Bühne. Es gibt keine Bedingungen, die eine Lüge rechtfertigen.

Meine Schwester sagt, Sie hätten die Anna wundervoll gespielt. Ach, wenn das Künstlertheater doch bloß nach Jalta käme!

Im »Nov. vremja« hat man Ihre

Truppe sehr gelobt. Dort hat der Kurs gewechselt: offenbar wird man Sie auch während der Großen Fasten[11] sehr loben. Im Febr.-Heft der »Žizn« erscheint meine Novelle – eine sehr merkwürdige. Da gibt es viele handelnde Personen, auch Landschaften. Da gibt es einen Halbmond, da gibt es die Rohrdommel, die irgendwo in der Ferne ruft: bu-u! bu-u! – wie eine Kuh, die man in eine Scheune eingesperrt hat. Alles gibt es da.

Levitan ist bei uns. Auf meinen Kamin hat er eine Mondnacht während der Heuernte gemalt. Eine Wiese, Heuschober, in der Ferne Wald, über allem der Mond.

Nun denn, bleiben Sie gesund, liebe, außergewöhnliche Schauspielerin. Ich habe Sehnsucht nach Ihnen.

Ihr A. Čechov

Und wann schicken Sie mir Ihre Photographie?

So eine Barbarei!

An M. O. Menšikov

Jalta,
28. I. 1900

Lieber Michael Osipovič, welche Krankheit Tolstoj hat, kann ich nicht begreifen. Čerinov hat mir nicht geantwortet, und dem, was ich in den Zeitungen gelesen habe und was Sie jetzt schreiben, kann ich nichts entnehmen. Magen- oder Darmgeschwüre würden sich anders äußern; es sind keine, oder es waren einige blutende Schrammen, die von Gallensteinen herrühren, die abgegangen sind und die Innenwände verletzt haben. Krebs ist es auch nicht, der würde sich vor allem auf den Appetit niederschlagen, auf den Allgemeinzustand, und vor allem würde das Gesicht den Krebs verraten, wenn es welcher wäre. Am wahrscheinlichsten ist, daß L. N. gesund ist (von den Steinen abgesehen) und noch an die zwanzig Jahre leben wird. Seine Krankheit hat mich erschreckt und in ständiger Spannung gehalten. Ich habe Angst vor Tolstojs Tod. Wenn er stürbe, würde in meinem Leben ein großer leerer Fleck bleiben. Erstens habe ich keinen Menschen so geliebt wie ihn; ich bin ein ungläubiger Mensch, aber von allen Arten des Glaubens halte ich gerade seinen Glauben für den, der mir selbst am nächsten ist und am ehesten liegt. Zweitens ist es, wenn und solange es in der Literatur einen Tolstoj gibt, leicht und angenehm, Literat zu sein; selbst wenn man sich eingestehen muß, daß man nichts getan hat und nichts tut, ist das nicht so schlimm, denn Tolstoj tut es für uns alle. Sein Tun ist die Rechtfertigung all der Hoffnungen und Erwartungen, die in die Literatur gesetzt werden. Drittens steht Tolstoj stark und fest, und hat eine Riesenautorität, und solange er lebt, wird jeder schlechte Geschmack in der Literatur, alle mögliche Trivialität, ob frech oder trä-

---

[11] meint das für Frühjahr geplante Gastspiel des Künstlertheaters in Petersburg.

nenselig, wird alle struppige, zornentbrannte Eitelkeit weit und tief im Schatten stehen. Allein seine moralische Autorität ist in der Lage, die sogenannten literarischen Stimmungen und Strömungen auf einem gewissen Niveau zu halten. Ohne ihn wäre das eine Herde ohne Hirten oder ein Brei, in dem man sich nur schwer zurechtfände.

Um mit Tolstoj abzuschließen, möchte ich noch etwas zu »Auferstehung« sagen, die ich nicht in Fragmenten, nicht stückweise gelesen habe, sondern im ganzen, in einem Zug. Das ist ein bemerkenswertes Kunststück. Das Uninteressanteste ist all das, was über die Beziehungen Nechljudovs zu Katjuša gesagt wird, das Interessanteste sind die Fürsten, Generäle, Tanten, Bauern, Häftlinge, Aufseher. Die Szene bei dem General, dem Kommandanten der Peter-Pauls-Festung, dem Spiritisten, las ich mit stockendem Atem – so gut ist das! Und Mme Korčagina im Sessel, und der Bauer, Fedosjas Mann! Dieser Bauer nennt sein Weib »zupackend«. Genau das ist Tolstojs Feder – zupackend. Einen Schluß hat die Novelle nicht, und das, was sie hat, ist nicht als Schluß zu bezeichnen. Schreiben, schreiben, um dann auf einmal alles auf einen Text aus dem Evangelium abzuwälzen – das ist schon ziemlich theologisch. Alles durch einen Text aus dem Evangelium lösen zu wollen, ist ebenso willkürlich, wie die Häftlinge in fünf Klassen einzuteilen. Warum in fünf, warum nicht in zehn?

Warum einen Text aus dem Evangelium, und nicht aus dem Koran? Zuerst muß man Vertrauen in das Evangelium erwecken, Vertrauen darein, daß gerade in ihm die Wahrheit liegt, und dann alles im Text lösen.

Falle ich Ihnen auf die Nerven? Wenn Sie auf die Krim kommen, werde ich ein Interview mit Ihnen machen und es dann in den »Novosti dnja« veröffentlichen. Die schreiben über Tolstoj wie alte Weiber über einen Narren in Christo, allen möglichen salbungsvollen Unsinn; er redet umsonst mit diesen Schmuuls.

Ich war etwa zwei Wochen lang krank. Ich habe versucht, es zu überwinden. Jetzt sitze ich mit einem Pflaster unter dem linken Schlüsselbein und fühle mich nicht übel. Nicht mit dem Pflaster, sondern dem roten Fleck von dem Pflaster.

Die Photographie schicke ich Ihnen ganz bestimmt. Über den Titel eines Mitglieds der Akademie freue ich mich, denn es ist angenehm zu wissen, daß Sigma mich jetzt beneidet. Aber noch mehr würde ich mich freuen, diesen Titel aufgrund irgendeines Mißverständnisses wieder loszuwerden. Und dieses Mißverständnis wird sich mit Sicherheit einstellen, denn die gelehrten Akademiker haben große Angst, daß wir sie schockieren könnten. Tolstoj haben sie nur widerstrebend gewählt. Er ist, wie sie meinen, Nihilist. So hat ihn zumindest eine Dame genannt, eine wirkliche

Geheimrätin, – wozu ich ihm von Herzen gratuliere.

An O. L. Knipper

Nizza,
2. 1. 1901

Bist du jetzt deprimiert, mein Herz, oder fröhlich? Sei nicht deprimiert, mein Liebes, leb, arbeite und schreib öfter deinem Starez Antonij. Ich habe schon lange keine Briefe mehr von dir bekommen, wenn ich den Brief vom 12. Dez. nicht rechne, den ich heute bekam, in dem du schreibst, wie du geweint hast, als ich wegfuhr. Was ist das übrigens für ein wundervoller Brief! Den hast nicht du geschrieben, sondern jemand anderes auf deine Bitte. Ein erstaunlicher Brief. [...]

Beschreib mir wenigstens eine Probe der »Drei Schwestern«. Muß nicht noch etwas eingefügt oder etwas weggenommen werden? Spielst du gut, mein Herz? Oh je, paß ja auf! Mach in keinem Akt ein trauriges Gesicht. Ein zorniges, ja, aber kein trauriges. Menschen, die seit langem einen Kummer mit sich herumtragen und an ihn gewöhnt sind, pfeifen nur vor sich hin und werden oft nachdenklich. So wirst auch du auf der Bühne ziemlich oft nachdenklich während der Gespräche. Verstehst du?

Natürlich verstehst du, denn du bist ein kluges Kind. Habe ich dir in dem Brief ein glückliches Neues Jahr gewünscht? Nein? Ich küsse dir beide Hände, alle 10 Finger, die Stirn und wünsche dir Glück und Frieden und möglichst viel Liebe, damit sie noch möglichst lange anhält, so an die 15 Jahre. Was meinst du, kann es solch eine Liebe geben? Bei mir ja, aber nicht bei dir. Ich umarme dich, wie dem auch sein mag ...

Dein Toto.

An S. P. Djagilev

Jalta,
30. 12. 1902

Sehr geehrter Sergej Pavlovič!

»Mir iskusstva« mit dem Aufsatz über die »Möwe« habe ich bekommen, den Aufsatz gelesen – ich danke Ihnen sehr. Als ich diesen Aufsatz zu Ende gelesen hatte, bekam ich wieder Lust, ein Stück zu schreiben, was ich wahrscheinlich nach Ende Januar auch tun werde.

Sie schreiben, wir hätten über eine ernsthafte religiöse Bewegung in Rußland gesprochen. Gesprochen haben wir über eine Bewegung nicht in Rußland, sondern unter den Intellektuellen. Über Rußland will ich nichts sagen, aber die Intellektuellen spielen einstweilen nur mit der Religion, und das vor allem, weil sie nichts Besseres zu tun wissen. Über den gebildeten Teil unserer Gesellschaft kann man sagen, daß er sich von der Religion entfernt hat und sich immer weiter und weiter von ihr entfernt, gleichgültig, was da gesagt werden mag und was für philosophisch-religiöse Gesellschaften sich da auch bilden mögen. Ob dies gut oder schlecht sei, wage ich nicht zu beurteilen, ich will nur sagen, daß die religiöse Bewegung, von der Sie schreiben, etwas für sich ist, wie die gesamte moderne Kultur etwas für sich ist, und daß man die zweite unmöglich in eine ursächliche Abhängigkeit von der ersten bringen kann. Die heutige Kultur ist der Anfang einer Arbeit im Namen einer großen Zukunft, einer Arbeit, die vielleicht noch Zehntausende von Jahren andauern wird, damit die Menschheit, und sei es erst in ferner Zukunft, die Wahrheit des wahren Gottes erkennt, d. h. sie nicht nur vermutet, sie nicht bei Dostoevskij sucht, sondern klar erkennt, so wie sie erkannt hat, daß zweimal zwei vier ist. Die heutige Kultur – ist der Anfang von Arbeit, die religiöse Bewegung dagegen, von der wir gesprochen haben, ist ein Überbleibsel, ist fast schon das Ende dessen, was sich überlebt hat oder im Begriffe ist sich zu überleben. Aber das ist eine lange Geschichte, ganz kann man die in einem Brief nicht schreiben. Wenn Sie Hrn. Filosofov sehen, so übermitteln Sie ihm bitte meinen tief empfundenen Dank. Ich wünsche Ihnen ein gutes Neues Jahr, wünsche Ihnen Gesundheit.

Ihr ergebener A. Čechov.

An V. M. Sobolevskij

Badenweiler,
12. 6. 1904

Lieber Vasilij Michajlovič
[...] Meine Gesundheit bessert sich, ich messe sie in Pud, nicht in Zolotnik. Die Beine tun mir schon lange nicht mehr weh, so als hätten sie nie wehgetan, ich esse viel und mit Appetit, geblieben ist nur das Asthma von dem Emphysem und die Schwäche infolge der Abmagerung, die ich während meiner Krankheit erfuhr. Ich bin hier bei einem guten, klugen und kenntnisreichen Arzt in Behandlung. Es ist Dr. Schwöhrer, der verheiratet ist mit unserer Moskauerin Živago.

Badenweiler ist ein sehr origineller Kurort, aber worin seine Originalität besteht, ist mir noch nicht klar geworden. Eine Menge Grün, der Eindruck der Berge, es ist sehr warm, die Häuschen und Hotels, die als Villen im Grünen stehen. Ich wohne in einer kleinen Villen-Pension, mit viel Sonne (bis 7 Uhr abends) und einem großartigen Garten, wir zahlen 16 Mark pro Tag für beide (Zimmer, Mittagessen, Abendessen, Kaffee). Wir werden gewissenhaft verpflegt, sehr sogar. Aber ich kann mir vorstellen, welche Langeweile hier im allgemeinen herrscht! Heute übrigens regnet es seit dem frühen Morgen, ich sitze im Zimmer und höre zu, wie unter und über dem Dach der Wind pfeift.

Die Deutschen haben entweder den Geschmack verloren, oder sie haben nie welchen besessen: die deutschen Damen kleiden sich nicht geschmacklos, sondern geradezu scheußlich, die Männer ebenfalls, in ganz Berlin gibt es keine einzige schöne Frau, die nicht durch ihren Aufputz verunstaltet wäre. Dafür sind sie auf wirtschaftlichem Sektor Prachtkerle, sie haben Höhen erreicht, die für uns unerreichbar sind.

Gehe ich ihnen schon auf die Nerven mit meinem Geplauder? Gestatten Sie mir, Ihnen nochmals sehr zu danken für die Zeitung, für Iollos, für Ihren Besuch in Moskau, der mir so gelegen kam und so angenehm war. Ihr Verhalten mir gegenüber werde ich nie vergessen. Bleiben Sie gesund, wohlauf, Gott schicke Ihnen einen warmen Sommer. In Berlin ist es übrigens kalt. Ich umarme sie fest und drücke Ihnen die Hand.

Ihr A. Čechov.

Howard Moss

Henrik Ibsen

*Augenblicke aus dem Leben
großer Geister
Zeichnung von
Olaf Gulbransson*

Ein Schwall verdreckten Schnees fiel draußen vor dem Fenster bleiern zur Erde. Oslo, dies froststeife Fischnetz, von Sterndiamanten überfunkelt, lag vor seinem Studio: eine Studie in Abgestorbenheit. Nur das Kaminfeuer vermittelte ein Gefühl von Bewegung, und dafür war er dankbar. Das Studio lag auf einer Anhöhe nahe dem Hafen, doch der übliche Lärm der Fischer, das Tuten von Dampfern ab und zu, die Rufe und Gesänge, die den ganzen Sommer lang herauftönten, fehlten jetzt. Alles war zu furchterregendem Schweigen gefroren. Nur das emporflackernde Feuer erregte seine Phantasie. Und wie es schien, reichte das nicht aus. Etwas Schreckliches drohte Europas bedeutendstem Dramatiker!

»Was, was, was ist bloß los?« fragte er sich selbst, als sei er ein Stotterer. Sollte er den Brief von Shaw nochmals hervorziehen, jene Blätter voller Lob, die sein Selbstvertrauen wiederaufrichten könnten? Oder die – allerdings etwas doppeldeutige – Postkarte von Wagner? Natürlich wußte er, daß Čechov sein Werk verachtete. Aber was sollte's? Was wußten die bloß melancholischen Russen von der nordischen Krankheit, der nordischen Qual, dem nordischen *Gift?* Es stimmte zwar, auch sie waren schneeblau, aber welch breiter Abgrund trennte ihren Wodka und ihre Samowars und Geigen von der eisigen Fröhlichkeit und den kalten Tiefen der Skandinavier? Čechovs Bemerkungen mußte er einfach vergessen und sich mehr an die von Shaw erinnern. Das war der Engpaß, durch den er ins Freie gelangen konnte.

Alle Themen hatte er verbraucht. Die Frauenrechtlerinnen hatte er behandelt, die Syphilis, auch die Wasserkraftwerke und die Macht. Die neurotische Frau, die einen Künstler schmarotzerisch ausbeutet und beide nach und nach zugrunderichtet – auch sie hatte er behandelt. (Gerade heute durfte er nicht an H. denken. Wo immer sie auch war, er hoffte, daß sie gräßlich litt, so litt, wie sie selbst halb Oslo hatte leiden lassen. Was für ein Narr er gewesen war, *Ein Puppenhaus* zu schreiben! Damit hatte er ihr nur einen Vorwand geliefert, ihn zu verlassen!)

Er dachte an mögliche Themen, doch sie zerstoben in seinem Geist – ebenso schnell wie sie Gestalt angenommen hatten. Bärenjagd? Ach nein, das müßte in einem anderen Land spielen, und außerdem war der Bär ... Trunksucht? Er griff nach dem Bier, das anscheinend sein einziger Trost geworden war.

Inzwischen war es 5 Uhr morgens, und er hatte schon acht Kisten den Garaus gemacht. Der Mißbrauch von Bauholz? Die Regenbogenpresse? Perückenschmuggel? Wenn ihm doch bloß etwas einfiele, was die Begeisterung der *jungen* Leute erregen könnte! Die waren es ja, die heutzutage vor allem ins Theater gingen!

Mit einem Ruck fuhr er auf. Die Leiden des Publikums! Das war's! Und er begann sofort den *Peer Gynt,* das innere Auge mit visionärer Starre auf die Schaubühne gerichtet.

Einseitige Liebe

Ein 44jähriger staatenloser *Chinese* verdankt seine gegenwärtige Haft in einem Genfer Gefängnis einem seltenen Vergehen: Jede freie Minute verbrachte er in einer chinesischen Buchhandlung in Genf, um eine Verkäuferin anzuschauen. Die Chinesin hatte genug davon. Die Genfer Anklagekammer lehnte es am Montag ab, den Chinesen provisorisch auf freien Fuß zu setzen.

Die glücklich verlobte Verkäuferin hatte bereits mehrmals die Polizei gebeten, ihren Bewunderer zu vertreiben. Vergeblich, er kam immer wieder. Eine Anklage wegen Hausfriedensbruchs und zwei achttägige Haftstrafen stimmten ihn nicht um. Am 18. Dezember wurder er zum drittenmal verhaftet. »Nein, ich kann nicht zusichern, nicht mehr in die Buchhandlung zu gehen«, sagte der Chinese dem Präsidenten der Anklagekammer. »Sein einziges Vergehen ist es, verliebt zu sein«, verteidigte ihn sein Anwalt. Die gegenwärtige Haft sei unverhältnismäßig. Die Anklagekammer gab zwar zu, daß Gefängnis keine Lösung sei, aber es sei der einzige Ort, wo der einseitig Verliebte einsichtig werden könne.
(Neue Zürcher Zeitung, 15. 1. 1985)

Keiner verstand sein Chinesisch

Ein illegaler chinesischer Einwanderer hat 31½ Jahre in psychiatrischen Anstalten zugebracht, weil die Polizei, die ihn 1952 aufgriff, seinen Dialekt für das Stammeln eines Geisteskranken hielt. Nach Angaben vom Freitag öffneten sich für den 54 Jahre alten David Tom am Donnerstag die Tore der psychiatrischen Anstalt von Illinois. Ein Gericht hatte ihm die Freiheit wiedergegeben und ihm eine Entschädigung in Höhe von 205 000 Dollar zugesprochen. Der Aufenthalt in den Kliniken hat den Chinesen allerdings psychisch so geschädigt, daß er nicht mehr in der Lage ist, sich selbst zu versorgen. Ein Ehepaar, das die Einrichtung einer Zufluchtsstätte für chinesische Einwanderer plant, hat sich seiner angenommen. Toms in Chicago lebender Bruder hatte in der Gerichtsverhandlung ausgesagt, er habe sich nicht getraut, seinem Bruder zu helfen, weil er fürchtete, daß sie beide ausgewiesen würden.
(Tagesanzeiger, 31. 12. 1983)

Kurt Bartsch

Fading
und sechs andere deutsche Parodien

Gürtelrose

Nach Ingeborg Bachmann

Mit Kunsthonig gefüllt sind die Brunnen, in die ich die Netze tauche, romantischen Sprachtüll, aber das schöne Buch läßt sich nicht fangen, es gibt kein schönes Buch, die Netze sind leer, das schöne Buch können wir abschreiben. Kein Morgen, kein Mittag wird kommen, die Menschen werden schwarze, finstere Augen haben, von ihren Händen wird die Zerstörung kommen, der Realismus wird kommen, es wird diese Pest, die in allen ist, es wird sie dieser Realismus, von dem alle befallen sind, dahinraffen, bald, es wird das Ende sein.

Die Menschen werden aus Gartenlauben heraus in die Laubgärten treten, sie werden die Ebenen durchstreifen, in Brunnen tauchen, die steinernen Venen der Melancholie. Auf sandelholzfarbenen Nachen werden sie treiben, sich treiben lassen, im Strom meines Blutes, in dessen Rauschen der Tod schläft, ein schwarzer Prinz, dessen Zepter ein Knochen, dessen Herz eine Schale ist, darin Kalk lagert. Sie werden treiben und anlegen mit ihren Booten, an meiner

Hüfte, und einen Gürtel aus Blut bilden, aus dem alle Rosen kommen. Gürtelrose, o reiner Widerspruch, ich neige mich über den Rand eines schwarzen, erloschenen Brunnens und rufe hinab: Himmelsschlüssel Tausendschönchen Vergißmeinnicht Rilke. *(1972)*

BLOSSSTELLUNG

Nach Uwe Johnson

Aber J. ist immer verquer über die Gleise gegangen.

– wenn einer dann er.
– Aber sie waren damals noch nicht so ausgeleiert siehst du da wirkte die Interpunktion noch irgendwie fast Avantgarde mußte ich immer denken, obwohl die Lektüre schwierig war, aber was ist schon einfach, das Leben nicht der Tod auch nicht, lernt man ja tüchtig was zu aus Romanen. Er sagte zu mir: Bloß gleich Verdacht schöpfen wenn du was kommen siehst, kann noch so harmlos sein wie es will.
– sag bloß daß er nicht wußte daß.
– Ja.

In der Hochzeitsnacht kam es ihm plötzlich hoch, da sah er das Funkgerät bulgarisches oder russisches Fabrikat unter dem Handtuch, wodurch sein Verdacht sozudenken verhärtet wurde. Gewinnen Sie diese Person dlja weschtschi ssozialisma. Eto ujasno. Hörte er oder bildete sich ein es zu hören, er war nicht sicher ob sein Verstand ihm oder der Wodka, auf jeden Fall. Er merkte schon manchmal nicht mehr ob Morgen war Mittag Nacht oder Jahreszeit. Obwohl das Funkgerät wie sich herausstellte bloß ein Toaster war hatte er sicherheitshalber schon das Ju-Äss-Stet-Dipatmint benachrichtigt: sicher ist sicher (er wolle nicht von irgendwelchen Schweinen) und fertig. Ssajus neruschimy es war wieder still, der Anfall zu Ende. Ich sagte zu ihm ich erinnere mich genau er roch nach Whisky aus seinem Mund darüber die weiten verzweifelten Augen im glattrasierten Quadratschädel (sag Mutter, ist das Uwe?) sonst Schnee überall, Kälte bis an die Knochen. Nemezki kamrad nemezki kamrad sagte ich in gebrochenem Russisch das er mir beigebracht hatte besonders Sachen wie eto Kommissar i eto Kalaschnikow und so fort.

– Schließlich kam er von drüben: er ist sozudenken immer verquer über die deutsche Grammatik gegangen wie ich vermutmaße.
– das muß mal gesagt sein lassen.

Der Daumenlutscher

Nach Thomas Bernhard

MUTTER
Du hast Glück Konrad
daß deine Mutter so gerne plaudert
wie aufgezogen
wie eine Plaudertasche
sagte dein Vater immer
der arme Kerl
Er war dramatischer Schriftsteller
ein großes Talent
Er hatte das Zeug in sich

ein zweiter Shakespeare zu werden
er ist aber nur
mein erster Mann geworden
das war sein Unglück
Ich hätte nicht soviel plaudern sollen
lieber mal Luft holen zwischendurch
dachte ich als es zu spät war für deinen Vater
Sein ganzer Stil war versaut
nach zwei Jahren Ehe
Er schrieb wie ich quatschte
wie aufgezogen
wie eine Quasselstrippe
das färbte natürlich ab
Er schrieb nur noch Monologe
endlose Monologe
was sagst du dazu
Du sollst nicht am Daumen lutschen
Du weißt was passieren kann
wenn man am Daumen lutscht Konrad
Stell dir nur einmal vor
ich würde nicht so gern plaudern
wie aufgezogen

    wie eine Plaudertasche
    sagte dein Vater immer
    Quasselstrippe sagte er nur
    wenn er nicht weiterkam
    in seiner dramatischen Dichtung
    Das war am Anfang
    Später schrieb er dann so
    wie mir der Schnabel gewachsen war
    wie aufgezogen
    Das hat auch sein Gutes Konrad
    Stell dir vor ich die Mama
    ginge fort du bliebest da
    und würdest am Daumen lutschen
    Was willst du denn mit der Schere Konrad
    Laß sofort meine Zunge los
    hörst du du sollst sofort meine Zzzzz
KONRAD
    Komisch in meiner Hosentasche
    ist sie ganz still Mama
    totenstill deine Zunge

NACHUNDNACHDENKEN

Nach Christa Wolf

Fast wäre mir eingefallen, worüber ich nachdenke. Ich hatte den Leichnam schon auf der Zunge, aber dann war es doch wieder so, daß ich nicht wußte, woran ich mich zu erinnern drohte.

    Mir war plötzlich klar, daß die Dinge, die ich vor Augen hatte, im Nebel lagen.

Nebel. Ein doppeldeutiges Wort. Wir nähern uns dem Unschärfenbereich der Gegenwart.

Im Nebel oder im Sozialismus. Ein grauer Tag jedenfalls, also wohl November. Ein Monat ohne Weisheit. Auch mir fällt nichts ein. Nichts.

Nicht, daß ich mit einem Einfall gerechnet hätte, da müßte ich lügen. Nicht jeder Stern strahlt hell und beständig. Von schwierigen Sternen hat man gehört, von wechselndem Licht, schwindend, wiederkehrend: Ich könnte ein Lied davon singen. Wenn ich singen könnte.

Worauf es aber nicht ankommt.

Und worauf käme es an?

Davon wird berichtet werden zu seiner Zeit. Behutsam, wenn möglich, da Tote verletzlich sind.

Wer ist tot?

Einerlei. Willkommen in unserer Gemeinschaft. Ich erschrecke nicht und bin mir bewußt, worüber ich nicht erschrecke: Mir fehlt die Gewißheit.

Wie aber könnte man das mit Gewißheit sagen?

Zum Glück treibt das Leben selbst die Romanhandlungen an, allerdings nur infolge der seltsamen Inkonsequenz unserer Seele.

Wer hat da Seele gesagt?

Ich.

Jetzt heißt es doppelt vorsichtig sein. Die Luft in Schwingungen bringen, die wirkliche Berührung vermeiden. Das Gefühl zügeln.

Man braucht für jeden Satz den Erdteil, in dem er gesprochen wird, das Jahrhundert, das zu ihm paßt.

So oder anders.

Die Biologie ist eine dramatische Wissenschaft, an Tragödien reich, von unglücklichen Zufällen durchsetzt.

Punkt.

Wie konnte einer, den man fast jeden Tag sah, unversehens darauf verfallen, zu sterben? Es war aus blauem, heiterem Himmel gekommen. Eine Störung, Medizinisches oder dergleichen.

Aber was?

Schwer zu erzählen. Aber gar nicht erzählbar unter dem entmutigenden Zwang der Tatsachen, die ich zum Glück nicht kenne.

Es war Leukämie.

Das hätte ich nicht sagen sollen. Jetzt denken einige, daß ich mich vor der Wahrheit fürchte. Aber es war kein Selbstmord, soweit ich mich undeutlich erinnere. *(1973)*

Kaspar Nova

Nach Peter Handke

KASPAR
Ihr werdet euren Kaspar nicht wiedererkennen
so neu wird er die Ding beim Namen nennen
so schön und überaus hehr
als wenn Ostern und Allerheiligen wär
Er verwandelt sich in Nova und stimmt einen Singsang an
NOVA
Aus eurer Taubstummheit, dem Drohschwarz des
                                                       Trauerns
führe ich euch in das Lichtzelt des Überdauerns
wo Sprachenglanz waltet, ein Umstandswortgefunkel
das euch die Erleuchtung verheißt im Sendeschlußdunkel
Ihr müßt nur ein wenig die Seelen lüpfen
und Fallschirme daraus knüpfen
dann werdet auch ihr euch erheben und schweben und
                                                       lachen
und euch aus dem Staub der Baustelle machen
in Herzensreinheit und Gottvertraun
Ihr werdet durch mich die Ewigkeit schaun
an der ihr blicklos, wie dumpfe Tiere vorbeimarschiert
                                                       seid
als gäbe es keine Bauarbeiterunsterblichkeit

Hans, ein Arbeiter, nimmt den Singsang auf und führt ihn weiter
HANS
Und immer ergießt sich wie aus den erzenen Kelchen
der Betonmischmaschinen, aus welchen

Beton sich ergießt, die Sprache; wieder und wieder
nimmt der Dichter kein Blatt vor den Mund, sondern
                                              Flieder
Im Herzen Glanz und auf der Zunge Seife
entfernt er sich in einer letzten Schönschriftschleife
und kehrt ein in das Metaphernreich
Sprechblasen auf den Lippen, made in Österreich.

FADING (SCHWUND)

Nach Botho Strauß

Wenn mich meine Erinnerung, dieses Geschenk der Sublimation, nicht täuscht, so war es im Méditerranée-Club auf Rhodos, wo ich mit H., Tochter eines Physikprofessors, über das Heidegger-Wort, daß nämlich die Frage die Frömmigkeit des Geistes sei, debattierte. Die Frage, von der wir ausgingen, lautete, ob wir die Holothurie (Seegurke) mit oder ohne Sauce dinieren würden. Ich sagte: »Mit Sauce.« So drang (Frömmigkeit hin, Frömmigkeit her) die Antwort maskulin in den Frage-Schoß.

Schon wieder heute. Fülle und Andrang der Stunden versetzten mich in ein Imbroglio tremens (Verwirrtheit, äußerste), die einem Geistesmenschen nicht gut zu Gesicht steht. Das Dämmern, die Imbezillität (der Schwachsinn) hingegen ist für jeden Künstler, den Dichter zumal, ein unentbehrliches Mittel der Wahrnehmung und der Abwehr zugleich gegen das Gesamttheute der Konsumentenkultur. Auch Gänse müssen sich erst in Flugstimmung bringen, bevor sie abheben.

Während ich über das mediale Quidproquo der Retroversion meines Werkes nachsinne, stelle ich fest, daß N., meine Putzfrau, schon seit einigen Tagen nicht mehr erschienen ist. Ich kann eigentlich froh sein, daß ich ihre knallrote Trevirahose und die Schweißflecke unter den Achseln nicht mehr zu sehen brauche. Diese Nässe der Arbeit, die das Gegenteil zur Feuchtigkeit der Lust ist, hat mir seit eh und je ein Gefühl des Ekels bereitet. Wie, vor diesem Anblick, mochte es mir gelingen, meine Intelligenz warmlaufen zu lassen?

Duo f-moll für Klarinette und Klavier, Brahms, sehr spätes Werk, auch für Bratsche notiert.
    Das Dissolute, der Wind dieser Musik: klanggleich fast mit dem Rauschen in meinem Kopf, in das hinein der Geist seine Koloraturen singt.
    Aus der Küche stinken die Abfälle.

Während Frau N. den Fußboden wischt, loddelt sie vor sich hin, verfällt schließlich der Interjektion, gipfelnd in einem ›Hm‹, jenem unwillkürlichen Hüpfer des Gemüts in den Mund, der, von obszönen Falten gekerbt, nicht mehr zum Sprechen da ist, sondern zum Fressen, Saufen und anderen Profanitäten.

Zeichnungen von Paul Flora

Ich hätte Frau N., die mit der Wurmbewegung der Hingabe über den Fußboden kroch, belehren, sie mit dem Fuß anstoßen sollen, fürchtete aber, die bescheidenen Inhalte ihrer Mitteilung würden mir wieder Kopfweh bereiten. Odi profanum vulgus et arceo. Jedes Wort ein Schlag ins Genital. Außerdem ist es widerlich, das Zusammenzucken des Volkes am eigenen Leib zu verspüren, mit denen am Boden ein Leib zu sein.

Im Traum, den ich träumte, habe ich mir Frau N., die Putzfrau, als meine Leserin vorgestellt und bin, zitternd um meine Wirkung, erwacht.
Die Ruptur (der Schock) über diesen Traum, verflog schnell. Ich wußte, Frau N. würde meinem Werk, dieser Zusammenballung von Sinn und Bedeutung auf engstem Raum, niemals zu nahe treten, außer vielleicht beim Entstauben.

Ich kann in keinen Spiegel mehr sehen.

In dieser TV-trüben, heruntergedemokratisierten Fick- und Ex-Gesellschaft, in der ein magazinäres Allerlei die freiheitlich soziale Grundordnung der Kunst untergräbt, lobe ich mir meine vermehrte Neigung zum Gerundiv.
Lerne leiden ohne zu klagen, sagte Frau N. neulich, als sie die Kloschüssel von meinem Erbrochenen säuberte (Gerundivum trivialis). Während sie noch im Scheißhaus hantierte, gelang mir folgende Enunziation (Erklärung): Wir, eine kleine Geisteselite, zuständig für das recycling der Moral sowie des verbrauchten symbolischen Wissens, sind stolz darauf, als Wiederaufbereitungsanlage des 19. Jahrhunderts verstanden zu werden.

FERNSEHEN
ODER
WOLF, SPIEL MIR DAS LIED VOM TOD

Nach Wolf Biermann

Sind wir schon drin?
Ja, wir sind schon drin.
Kamera 1
Jetzt singe ich eins:
Das Lied vom Tod
Und vom Morgenrot
Für Robert H.
Bist du noch da?
Ja, ich bin noch da.
Für Robert H.
Im Sauerstoffzelt
Und den Rest der Welt.
Kamera ab
Der Mann macht schlapp.
Was rauscht da im Off?
Der Sauerstoff.
Siehst du heut fern?

Ja, ich seh mich so gern

Peter Bichsel

Killt das Fernsehen die Bücher?

*Ein Gespräch
mit Rudolf Blum und
Rolf Mühlemann*

Herr Bichsel, was halten Sie von TV-Literaturmagazinen?
　Ich kann ja nicht dagegen sein. Das heißt: Ich bin dafür. Literatur hat zwei Funktionen. Die eine Funktion hat sie für einen ganz kleinen Prozentsatz der Bevölkerung, ein Prozent, wenn's hoch kommt: Das sind die Leser. Lesen ist eine Leidenschaft. Leser sind entweder süchtig, oder sie sind keine Leser. Das Fernsehen wird aus Lesern nie Nicht-Leser machen. Keiner geht von den Büchern weg, weil es Fernsehen gibt. Das Fernsehen führt die Leute ja auch nicht von der Zigarette und vom Alkohol weg. Ob das Fernsehen aber Leser schafft durch ein Literaturmagazin, ist eine andere Frage. Ich zweifle daran, denn es sind andere, biographische Zufälligkeiten, die einen Menschen zum Leser machen. Aber die zweite Funktion der Literatur ist ein Gespräch in der Öffentlichkeit. Günter Grass zum Beispiel ist auch für jene ein wichtiger Autor, die ihn nie gelesen haben. Und Max Frisch hat in der Schweiz auch für jene eine Funktion, die nicht lesen.

Gilt das auch für Peter Bichsel?
　Wohl nicht in dem Grad, glücklicherweise. Aber andererseits: Wenn mich nur die Leser kennen würden, würde mich niemand kennen.

Sie sind also nicht überzeugt, daß das Fernsehen durch Literatursendungen eine wichtige, literaturfördernde Rolle spielt?
　Ich bin sogar sehr überzeugt, daß ein Literaturmagazin das kann: eine literarische Stimmung verbreiten,

ein literarisches Klima schaffen, jene darauf aufmerksam machen, daß es Literatur gibt, die keine Leser sind. Vielleicht regt es sogar mehr junge Leute zum Schreiben an als ältere zum Lesen. Und das wäre auch etwas. Wenn durch ein solches Magazin ein Buch ins Gespräch kommt, wenn die Leute sehen, daß da einige darüber reden, dann wird der eine oder andere daran interessiert sein, das Buch zu besitzen.

Man weiß, daß Bücher, die in der Literatursendung des Westschweizer Fernsehens vorgestellt werden, jeweils markante Verkaufssteigerungen erzielen.
Das glaub' ich, daß das ablesbar ist. Wissen Sie, wir haben lange genug über die Snobs gelacht, die Bücher kauften und sie nicht gelesen haben. Heute fehlen sie. In den letzten Jahren ist im Verlagswesen ein riesiger Einbruch passiert. Die Großauflagen sind auf ihre wirklichen Leser zurückgefallen. Es werden offensichtlich nur mehr Bücher gekauft, die auch gelesen werden. Der Bücher kaufende Nicht-Leser hat eine sehr wichtige Funktion. Er subventioniert dem Leser seine Bücher. Und wenn es einem Literaturmagazin gelingt, mehr Nicht-Leser zu Bücherkäufern zu machen, dann ist dem Leser und vor allem auch dem Autor gedient.

Stichwort Nicht-Leser. Hat Ihrer Ansicht nach das Fernsehen die Lese-Kultur zerstört?
Wenn man die letzten dreihundert Jahre der deutschen Literatur nimmt, dann waren die Leser immer nur wenige. Es war immer nur eine Behauptung, daß es mal mehr Leser gegeben habe. Lesen ist eine recht eigenartige und recht anstrengende Sucht. Und ich glaube auch nicht, daß es für unsere Gesellschaft so wünschenswert ist, daß wir mehr Leser haben. Denn Leser sind sehr, sehr eigenartige Leute. Sie haben eine Neigung zur Faulheit, eine Neigung zur Langeweile, sie haben lange Weile. Wenn ich zwei Stunden ein Buch gelesen habe, dann bin ich nicht mehr richtig da. Ich bin gefährdet, wenn ich über die Straße geh' ... Ich glaube, wenn die Propaganda fürs Lesen erfolgreich wäre, dann müßte man hinterher – um unsere Leistungsgesellschaft zu erhalten – etwas dagegen unternehmen. Lesen hat immer mit Alternative zu tun, ist immer eine Gegenwelt, lesen ist immer etwas Subversives. Leser sind für den Staat viel gefährlicher als Schriftsteller.

Lesen, sagen Sie, ist eine Sucht. Es gibt auch die Fernsehsucht. Was unterscheidet die beiden Süchte?
Ein Lesesüchtiger liest alles ... Ich habe in meinem Leben wesentlich mehr sogenannte schlechte Literatur gelesen und unheimlich viel Unnötiges. So hab' ich ein Wissen zusammengetragen, das ich überhaupt nicht brauchen kann. Für dieses Wissen bin ich sehr dankbar. Hätte ich nur gelesen, was ich wirklich wissen muß und brauche,

wäre ich nie ein Leser geworden. – Ich stelle fest: Ich sehe unregelmäßig fern, aber dann unmäßig. Ich schaue tagelang nicht, und dann stelle ich einmal um halb sieben ein, und wenn um halb zwei morgens noch was kommt, schaue ich das auch noch. Quer durch alle Programme mit dieser wunderbaren Maschine, wo man draufdrücken kann. Ich genieße das. Ich möchte kein Fernsehen, wo nur Dinge kommen, die mich interessieren. Daß das Fernsehen für den Zuschauer ein breites Spektrum bekommt, das ist genau die Fernsehsucht. Würde er nur das schauen, was er schauen *will,* hätte dieses Literaturmagazin nicht die geringste Chance. Aber weil die Zuschauer bildchensüchtig sind – ich bin's auch, wenn ich mal anfange –, schauen sie jeden Quatsch an, also auch den Quatsch des Literaturmagazins. Und zwar gleich nach Harald Juhnke und vor Marika Rökk ...

Wie informationssüchtig sind Sie?

Ich bin total informationssüchtig. Ich ärgere mich oft, welch blödsinnige Sportarten ich im Fernsehen anschaue und sie mir vom Kommentator auch noch erklären lasse. Ich interessiere mich also sogar für Informationen, die mich nicht interessieren.

Sie sagten einmal: »Kultur – das ist Zusammensein.« Das Zusammensein ist in der Welt der elektronischen Medien nicht mehr gewährleistet. Es gibt die Trennung zwischen Machern und Konsumenten. Haben wir eine kulturlose Zeit?

Jene, die behaupten, wir hätten in unserem Land vor dem Fernsehen eine wunderbare Kultur gehabt, die lügen. Die Legende vom kulturellen Holzboden Schweiz gab es schon vor dem Fernsehen. Die Festhütten sind den Sommer über so voll wie vorher. Und sie gehören zur Kultur. Und Hornusser und Jodler hatten schon vor dem Fernsehen Schwierigkeiten mit der Mitgliederwerbung. Ich bin kein fernsehkulturfreundlicher Mensch. Aber meine Bedenken liegen an einem ganz anderen Ort, z. B. daß die Unterhaltungselektronik den Freizeitstreß erhöht. Ich bin überzeugt, daß der moderne Mensch in der Freizeit noch mehr gestreßt wird als in der Arbeitszeit. Der moderne Mensch hat zwei Aufgaben zu erfüllen: Er hat zu produzieren und dann in seiner Freizeit zu konsumieren. Die ganze Unterhaltungselektronik und die Medien sind an dieser Ausbeutung des Arbeiters als Konsument sehr beteiligt. Es ist zu hoffen, daß er mal genug bekommt davon und sich nicht mehr stressen läßt. Aber wirtschaftlich wäre es ein Problem, wenn die Konsumenten aus dem Freizeitstreß aussteigen würden. Faule Menschen sind nicht nur für die Produktionsseite eine Gefahr, sondern auch auf der Konsumentenseite: Faule Menschen konsumieren weniger. Ich glaube auch, Leser sind faule Menschen, die zu wenig konsumieren.

Welche Befürchtung haben Sie in bezug auf die Medienzukunft?

Schwierig wird mit dieser totalen Überfütterung durch Medien, durch das Satellitenfernsehen z. B., werden, daß die produzierende Seite nach und nach ihren Wert verlieren wird. Das beginnt damit, daß man Urheberrechte nicht mehr kontrollieren kann. Das geht so weiter, daß das Schöpferische keine Rolle mehr spielt, daß es keinen mehr braucht, der eine Sendung ausdenkt und macht, sondern daß alles möglichst billig ablaufen muß und daß zum Schluß Programme auf uns einprasseln aus einer völligen Anonymität. Es kommen Informationen aus allen Ecken, und man kennt den Informanten nicht mehr. Das ist für mich allerdings eine sehr scheußliche und gefährliche Welt. Es beginnt in einer kleinen Ecke schon mit den sogenannten Sendegefäßen, die man heute im Fernsehen hat. Es hat im Raum Fernsehen, im Raum Radio nicht mehr dasselbe Platz wie früher. Und die Medien fürchten sich grauenhaft vor der Langeweile. Und da bin ich allerdings überzeugt: Ohne Langeweile gibt es keine Kultur. Nur die Langeweile produziert Kultur. Nur aus Langeweile geht man in die Festhütte. In der Festhütte ist es gar nicht so lustig, da sind nur sehr viele Leute, die Blasmusik spielt. Aber da kann ein wunderbares Fest entstehen, weil niemand was will, sondern sich alle nur langweilen. In die Kneipe geht man aus Langeweile. Ein Ort, der nicht ein Ort der Langeweile ist, kann nie ein Ort der Kultur sein. Das am Fernsehen zu realisieren, ist allerdings ein Ding der Unmöglichkeit. Das Fernsehen wird immer ein unlangweiliges Medium sein und sein müssen. Deshalb wird es immer im Verdacht stehen, ein unkulturelles Medium zu sein.

Chaval

Gottfried Helnwein, *Aller Anfang ist schwer*, 1982

Walther von der Vogelweide
Urteil

Männer klagen: dank den frauen
ist die welt so wie sie ist!
frauen fragen: wer kann trauen
einem mann, ob heid, ob christ?

ich will singen für die einen
und die andern im geschlecht.
klagen gehn zu beider weinen.
jeder liebt und haßt zu recht.

frag den himmel, was er dachte,
als er dies gebild geküßt.
ob er weinte oder lachte,
ist die welt so schön sie ist.

Nachdichtung von Karl Bernhard

Wladimir F. Odojewskij
Die Poesie der Aktien

... wie ich bereits einmal bemerkt habe, kann der Mensch sich von der Poesie in keiner Weise freimachen. Als unentbehrliches Element fließt sie ein in jedes menschliche Handeln, und ohne sie wäre das Leben solchen Handelns unmöglich. Das Symbol dieses psychologischen Gesetzes erblicken wir in jedem Organismus; er bildet sich aus Kohlenstoff, Wasserstoff und Stickstoff; die Proportionen dieser Elemente sind fast in jedem lebenden Körper verschieden angeordnet, aber ohne eines dieser Elemente wäre die Existenz eines solchen Körpers unmöglich. In der psychologischen Welt ist die Poesie eines jener Elemente, ohne welche der Baum des Lebens verschwinden müßte. Deshalb ist selbst in jedem gewerblichen Unternehmen des Menschen ein Quantum von Poesie enthalten, so, wie auch andererseits in jedem rein poetischen Werk ein Quantum materiellen Nutzens enthalten ist. So kann zum Beispiel kein Zweifel daran bestehen, daß das Straßburger Münster sich unfreiwillig in die Berechnungen der Aktionäre einmengte und einer der Magneten war, die die Eisenbahn zu der Stadt hinzogen.

Ja! Die Eisenbahnen sind eine wichtige und große Sache. Sie sind eines jener Werkzeuge, welches den Menschen gegeben ist, um den Sieg über die Natur davonzutragen. Ein tiefer Sinn liegt in dieser Erscheinung verborgen, welche sich dem Anschein nach in Aktien, Soll und Haben verzettelt hat. Doch liegt in diesem Streben, Raum und Zeit zu vernichten, das Empfinden menschlicher Würde und ihres Triumphes über die Natur. Vielleicht bringt dieses Gefühl auch die Erinnerung an seine frühere Kraft und seine frühere Sklavin, die Natur, mit sich ... Aber Gott bewahre uns davor, alle geistigen, sittlichen und physischen Kräfte in einer materiellen Richtung hin zu konzentrieren, wie nützlich sie auch sein möge: Ob das nun Eisenbahnen, Baumwollspinnereien, Tuchwalkereien oder Kattunfabriken sind. Die Einseitigkeit ist das Gift der heutigen Gesellschaft und der geheime Grund aller Beschwerden, Wirrnisse und Verlegenheiten. Wenn ein Zweig auf Kosten des ganzen Baumes lebt, muß der Baum verdorren.

Michel Chevalier, einer der bekanntesten Vorkämpfer der Industrialisierung, spricht mit Spott von den Schwierigkeiten, die es für die Alten gab, wenn sie eine Reise aus dem poetischen Sparta nach dem poetischen Athen und zurück unternahmen, und beweist mit unwiderleglichen Zahlen, daß man, sind erst einmal die Vervollkommnungen der Dampfmaschine Allgemeingut geworden, eine Reise um die Welt in ... o Schrecken! elf Tagen wird vollenden können! Aber der eindringende Geist dieses bemerkenswerten Autors konnte nicht umhin, sich die Frage zu stellen: Wie wird die moralische Verfassung der Gesellschaft sein, wenn die Menschheit diese Epoche erreicht? Auf diese Frage gibt er keine positive Antwort, aber seine Gedanken wenden sich nach Amerika, und solchermaßen sind seine Beobachtungen: in diesem Lande haben die Schnelligkeit des Verkehrs, die Bequemlichkeit, mit der man sich von Ort zu Ort bewegt, alle Unterschiede in den Sitten, der Lebensweise, der Kleidung, der Behausung und ... der Vorstellungen und Begriffe (so weit sie nicht den persönlichen Gewinn des einzelnen betreffen) ausgelöscht. Daher gibt es für den Bewohner dieses Landes nichts Neues, Interessantes, nichts besonders Anziehendes; er ist überall zu Hause, und wenn er sein Vaterland von einem Ende zum anderen durchfährt, begegnet ihm nur, was er schon früher jeden Tag gesehen hat. Deshalb besteht das Ziel einer Reise, die ein Amerikaner unternimmt, immer nur in irgendeinem persönlichen Nutzen, niemals aber im Genuß, den eine Reise verschafft. Es könnte scheinen, daß nichts besser ist, als dieser Stand der Dinge. Aber der kluge Chevalier bekennt mit lobenswertem Freimut, daß die absolute Folge eines solchen nützlichen, bequemen und berechnenden Lebens unüberwindliche, unerträgliche Langeweile sein würde! Ein im höchsten Grade bemerkenswertes Phänomen! Woher ist diese Leere, diese Langeweile gekommen? Erklärt mir das, ihr Herren Utilitaristen! Muß man nicht dieser Langeweile und der aus ihr entspringenden Reizbarkeit auch die bei den Amerikanern heute in Mode gekommenen täglichen Duelle zuschreiben, vor deren Einzelheiten sich sogar europäische Journalisten entsetzen? Was denkt ihr? Das, meine Herren, ist die Folge von Einseitigkeit und Spezialisierung, die heute als Zweck des Lebens angesehen werden. Hier könnt ihr sehen, was es mit dem völligen Aufgehen in materiellem Gewinn und dem totalen Vergessen anderer, sogenannter nutzloser Aufschwünge der Seele auf sich hat. Der Mensch hat gedacht, sie im Erdboden zu vergraben, sie mit Baumwollwerg zu verstopfen, sie mit Teer und Fett zu übergießen – und dennoch erscheinen sie ihm immer wieder in der Form eines Gespenstes: der unbegreiflichen Langeweile!

[1913]

Alexander Sinowjew
... mag ich, mag ich nicht.

Was ich mag: Die russische Natur. Die russischen Frauen, besonders meine Frau Olga. Michail Lermontov. Anton Čechov. Alte russische Volkslieder, besonders von Schokolov gesungen. Leute, die ihr Leben für das Wohlergehen anderer hingeben wollen. Jegliche Art Talent. Großzügigkeit. Güte. Selbstlosigkeit. Wie meine Frau kocht. Die Zeichnungen meiner Töchter Tamara und Polina. Bilder von Bosch, Goya, Wrubel und von den deutschen Expressionisten. Zeichnungen von Tomi Ungerer, Paul Flora, Roland Topor, Sempé usw. Mstislaw Rostropowič beim Cellospiel zuhören und mit ihm reden. Musik von Mozart und Tschaikowsky. Lieder von Okudjawa und Wissotzki. Michail Scholochows Roman »Der stille Don«. Den Film »Jesus Christ Superstar«. Lange Spaziergänge. Studenten unterrichten, die bereit sind, hart zu arbeiten. Meine Gedanken mit Leuten austauschen, die sie auch hören wollen. Bilder malen. Schwalben. Promenadenmischungen. Pferde. Sonnenbaden. Mich körperlich betätigen. Menschen, die Mut haben. Eisige Winter. Heiße Sommer. Milch mit Schwarzbrot. Sowjetische Anekdoten. Russische Trunkenbolde. Einfache Lösungen zu komplizierten Problemen. Schulden so schnell wie möglich bezahlen. Überflüssiges Hab und Gut wegschmeißen. Gebratenes Fleisch. Den Kaukasus. In schlimmen Lebenslagen nicht von schlechten Menschen abhängen. Rote Ölfarbe. (Als Maler) einen schönen Frauenkörper. Die Briefe meiner Frau (vom literarischen Standpunkt aus). Von München fortgehen. Moskau. Darüber würde ich lieber schweigen.

Was ich nicht mag: Die deutsche Grammatik. Die englische Aussprache. Unzuverlässige Leute. Berechnende Menschen. Ungerechtigkeit. Grausamkeit. Ein neues Buch zu schreiben anfangen. Ein Buch zuendeschreiben. Schreiben als körperliche Betätigung. Meinen Wohnort wechseln. Meine Kleider und Schuhe wechseln. Freunde verlieren. Briefe beantworten. Telefonieren. Daß man mich warten läßt. Lange (und auch kurz) allein zu sein. Hochhäuser. Hütehunde. Menschenmassen. Panische Angst haben. Abgemagerte Frauen. Selbstsüchtige Frauen. Breitschultrige Frauen. Männer mit einem dicken Hinterteil. Leute, die von anderer Leute Unglück profitieren. Touristen. Ein Idiot, der gescheit tut. Mittelmäßigkeit. Reißerisch Aufgemachtes. Plumcake. Abstrakte Kunst. Leute mit vorgefaßten Meinungen. Propheten. Übertriebene Publicity. Kein Geld haben. Keine persönlichen Beziehungen haben. Fehlende Menschlichkeit. Oberflächliche zwischenmenschliche Beziehungen. Die Notwendigkeit, sich an alles Obenerwähnte zu gewöhnen.

Patrick Süskind

Ein Kampf

An einem frühen Abend im August, als die meisten Menschen den Park bereits verlassen hatten, saßen sich im Pavillon an der Nordweststrecke des Jardin du Luxembourg noch zwei Männer am Schachbrett gegenüber, deren Partie von einem guten Dutzend Zuschauer mit so gespannter Aufmerksamkeit verfolgt wurde, daß, obwohl die Stunde des Aperitifs schon näher rückte, niemand auf den Gedanken gekommen wäre, die Szene zu verlassen, ehe der Kampf sich nicht entschieden hätte.

Das Interesse der kleinen Menge galt dem Herausforderer, einem jüngeren Mann mit schwarzen Haaren, bleichem Gesicht und blasierten dunklen Augen. Er sprach kein Wort, bewegte keine Miene, ließ nur von Zeit zu Zeit eine unangezündete Zigarette zwischen den Fingern hin und her rollen und war überhaupt die Nonchalance in Person. Niemand kannte diesen Mann, keiner hatte ihn bisher je spielen sehen. Und doch war vom ersten Augenblick an, da er sich nur bleich, blasiert und stumm ans Brett gesetzt hatte, um die Figuren aufzustellen, eine so starke Wirkung von ihm ausgegangen, daß jeden, der ihn sah, die unabweisbare Gewißheit überkam, man habe es hier mit einer ganz außergewöhnlichen Persönlichkeit von großer und genialer Begabung zu tun. Vielleicht war es nur die attraktive und zugleich unnahbare Erscheinung des jungen Mannes, seine elegante Kleidung, seine körperliche Wohlgestalt; vielleicht waren es die Ruhe und Sicherheit, die in seinen Gesten lagen; vielleicht die Aura von Fremdheit und Besonderheit, die ihn umgab – jedenfalls sah sich das Publikum, ehe noch der erste Bauer gezogen war, schon fest davon überzeugt, daß dieser Mann ein Schachspieler ersten Ranges sei, der ein von allen insgeheim ersehntes Wunder vollbringen würde, welches darin bestand, den lokalen Schachmatador zu schlagen.

Dieser, ein ziemlich scheußliches Männlein von etwa siebzig Jahren, war in jeder Hinsicht das genaue Gegenteil seines jugendlichen Herausforderers. Er trug die blauhosige und wollwestige, speisefleckige Kluft des französischen Rentners, hatte schon Altersflecken auf den zitternden Händen, schütteres Haar, eine weinrote Nase und violette Adern im Gesicht. Er entbehrte jeglicher Aura und war außerdem unrasiert. Nervös paffte er an seinem Zigarettenstummel, wetzte unruhig auf dem Gartenstuhl hin und her und wackelte ohne Unterlaß bedenklich mit dem Kopf. Die Umstehenden kannten ihn bestens. Alle hatten sie schon gegen ihn gespielt und immer gegen ihn verloren, denn obwohl er alles andere als ein genialer Schachspieler war, hatte er doch die seine Gegner zermürbende, sie aufbringende und geradezu hassenswerte Eigenschaft, keine Fehler zu machen. Man konnte sich bei ihm nicht darauf verlassen, daß er einem durch die kleinste Unaufmerksamkeit entgegenkam. Es mußte einer, um ihn zu besiegen, tatsächlich besser spielen als er. Dies aber, so ahnte man, würde noch heute geschehen: Ein neuer Meister war gekommen, den alten Matador aufs Kreuz zu legen – ach, was! – ihn niederzumachen, niederzumetzeln Zug um Zug, ihn in den Staub zu treten und ihn die Bitterkeit einer Niederlage endlich kosten zu lassen. Das würde manche eigne Niederlage rächen.

»Sieh dich vor, Jean!« riefen sie noch während der Eröffnungszüge, »diesmal gehts dir an den Kragen! Gegen den kommst du nicht auf, Jean! Waterloo, Jean! Paß auf, heute gibts ein Waterloo!«

»Eh bien, eh bien ...«, entgegnete der Alte, wackelte mit dem Kopf und bewegte mit zögernder Hand seinen weißen Bauern nach vorn.

Sobald der Fremde, der die schwarzen Figuren hatte, am Zug war, wurde es still in der Runde. An ihn hätte niemand das Wort zu richten gewagt. Man beobachtete ihn mit scheuer Aufmerksamkeit, wie er stumm am Brett saß, seinen überlegnen Blick nicht von den Figuren nahm, wie er die unangezündete Zigarette zwischen den Fingern rollte und mit raschen sicheren Zügen spielte, wenn die Reihe an ihm war.

Die ersten Züge des Spiels verliefen in der üblichen Weise. Dann kam es zweimal zum Abtausch von Bauern, dessen zweiter damit endete, daß Schwarz auf einer Linie einen Doppelbauern zurückbehielt, was im Allgemeinen nicht als günstig gilt. Der Fremde hatte jedoch den Doppelbauern gewiß mit vollem Bewußtsein in Kauf genommen, um in der Folge seiner Dame freie Bahn zu schaffen. Diesem Ziel diente offenbar auch ein sich anschließendes Bauernopfer, eine Art verspätetes Gambit, das Weiß nur zögernd, beinahe ängstlich annahm. Die Zuschauer warfen sich bedeutende Blicke zu, nickten bedenklich, schauten gespannt auf den Fremden.

Der unterbricht für einen Moment sein Zigarettenrollen, hebt die Hand, greift nach vorn – und in der Tat: er zieht die Dame! Zieht sie weit hinaus, weit in die Reihen des Gegners hinein, spaltet gleichsam mit seiner Damefahrt das Schlachtfeld in zwei Hälften. Ein anerkennendes Räuspern geht durch die Reihen. Was für ein Zug! Welch ein Elan! Ja, daß er die Dame ziehen würde, man ahnte es – aber gleich so weit! Keiner der Umstehenden – und es waren durchweg schachverständige Leute – hätte einen solchen Zug gewagt. Aber das machte eben den wahren Meister aus. Ein wahrer Meister spielte originell, riskant, entschlossen – eben einfach anders als ein Durchschnittsspieler. Und deshalb brauchte man als Durchschnittsspieler auch nicht jeden einzelnen Zug des Meisters zu verstehen, denn ... in der Tat verstand man nicht recht, was die Dame dort sollte, wo sie sich befand. Sie bedrohte nichts Vitales, griff nur Figuren an, die ihrerseits gedeckt waren. Aber der Zweck und tiefere Sinn des Zuges würde sich bald enthüllen, der Meister hatte seinen Plan, das war gewiß, man erkannte es an seiner unbeweglichen Miene, an seiner sicheren, ruhigen Hand. Spätestens nach diesem unkonventionellen Damezug war auch dem letzten Zuschauer klar, daß hier ein Genie am Schachbrett saß, wie man es so bald nicht wiedersehen würde. Jean, dem alten Matador, galt bloß noch hämische Anteilnahme. Was hatte er solch urkräftiger Verve schon entgegenzusetzen? Man kannte ihn doch! Mit Klein-Klein-Spiel würde er wahrscheinlich versuchen, sich aus der Affäre zu ziehen, mit vorsichtig hinhaltendem Klein-Klein-Spiel. ... Und nach längerem Zögern und Wägen schlägt Jean, anstatt auf den großräumigen Damezug eine entsprechend großräumige Antwort zu geben, ein kleines Bäuerlein auf H4, das durch das Vorrücken der schwarzen Dame seiner Deckung entblößt war.

Dem jungen Mann gilt dieser abermalige Bauernverlust

für nichts. Er überlegt keine Sekunde lang – dann fährt seine Dame nach rechts, greift ins Herz der gegnerischen Schlachtordnung, landet auf einem Feld, von wo sie zwei Offiziere – ein Pferd und einen Turm – gleichzeitig angreift und darüberhinaus in bedrohliche Nähe der Königslinie vorstößt. In den Augen der Zuschauer glänzt die Bewunderung. Was für ein Teufelskerl, dieser Schwarze! Welche Courage! »Ein Professioneller«, murmelt es, »ein Großmeister, ein Sarasate des Schachspiels!« Und ungeduldig wartet man auf Jeans Gegenzug, ungeduldig vor allem, um den nächsten Streich des Schwarzen zu erleben.

Und Jean zögert. Denkt, martert sich, wetzt auf dem Stuhl hin und her, zuckt mit dem Kopf, es ist eine Qual, ihm zuzusehen – zieh endlich, Jean, zieh und verzögere nicht den unausweichlichen Gang der Ereignisse!

Und Jean zieht. Endlich. Mit zitternder Hand setzt er das Pferd auf ein Feld, wo es nicht nur dem Angriff der Dame entzogen ist, sondern sie seinerseits angreift und den Turm deckt. Nunja. Kein schlechter Zug. Was blieb ihm auch anderes übrig in dieser bedrängten Lage als dieser Zug? Wir alle, die wir hier stehen, wir hätten auch so gespielt. – »Aber es wird ihm nichts helfen!«, raunt es, »damit hat der Schwarze gerechnet!«

Denn schon fährt dessen Hand wie ein Habicht über das Feld, greift die Dame und zieht ... – nein! zieht sie nicht zurück, ängstlich, wie wir es getan hätten, sondern setzt sie nur ein einziges Feld weiter nach rechts! Unglaublich! Man ist starr vor Bewunderung. Niemand begreift wirklich, wozu der Zug nützt, denn die Dame steht jetzt am Rande des Feldes, bedroht nichts und deckt nichts, steht vollkommen sinnlos – doch steht sie schön, irrwitzig schön, so schön stand nie eine Dame, einsam und stolz inmitten der Reihen des Gegners ... Auch Jean begreift nicht, was sein unheimliches Gegenüber mit diesem Zug bezweckt, in welche Falle es ihn locken will, und erst nach langem Überlegen und mit schlechtem Gewissen entschließt er sich, abermals einen ungedeckten Bauern zu schlagen. Er steht jetzt, so zählen die Zuschauer, um drei Bauern besser da als der Schwarze. Aber was sagt das schon! Was hilft dieser numerische Vorteil bei einem Gegner, der offenbar strategisch denkt, dem es nicht auf Figuren, sondern auf Stellung ankommt, auf Entwicklung, auf das urplötzliche, blitzschnelle Zuschlagen? Hüte dich, Jean! Du wirst noch nach Bauern jagen, wenn im Folgezug dein König fällt!

Schwarz ist am Zug. Ruhig sitzt der Fremde da und rollt die Zigarette zwischen den Fingern. Er überlegt jetzt etwas länger als sonst, vielleicht eine, vielleicht zwei Minuten. Es ist vollkommen still. Keiner der Umstehenden wagt es zu flüstern, kaum einer schaut noch aufs Schachbrett, alles starrt gespannt auf den jungen Mann, auf seine Hände und auf sein bleiches Gesicht. Sitzt da nicht schon ein winziges triumphierendes Lächeln in den Winkeln seiner Lippen? Erkennt man nicht ein ganz kleines Schwellen der Nasenflügel, wie es den großen Entschlüssen vorangeht? Was wird der nächste Zug sein? Zu welchem vernichtenden Schlag holt der Meister aus?

Da hört die Zigarette zu rollen auf, der Fremde beugt sich vor, ein Dutzend Augenpaare folgen seiner Hand – was wird sein Zug sein, was wird sein Zug sein? ... und nimmt den Bauern von G7 – wer hätte das gedacht! Den Bauern von G7! – den Bauern von G7 auf ... G6!!!

Es folgt eine Sekunde absoluter Stille. Selbst der alte Jean hört für einen Moment zu zittern und zu wetzen auf. Und dann fehlt wenig, daß unter dem Publikum Jubel ausbricht! Man bläst den angehaltenen Atem aus, man stößt dem Nachbarn mit dem Ellbogen in die Seite, habt ihr das gesehen? Was für ein ausgebuffter Bursche! Ça alors! Läßt die Dame Dame sein und zieht einfach diesen Bauern auf G6! Das macht natürlich G7 frei für seinen Läufer, soviel steht fest, und im übernächsten Zug bietet er Schach, und dann ... Und dann? ... Dann? Nunja – dann ... dann ist Jean auf jeden Fall in kürzester Zeit erledigt, soviel steht fest. Seht doch nur, wie angestrengt er schon nachdenkt!

Und in der Tat, Jean denkt. Ewig lange denkt er. Es ist zum Verzweifeln mit dem Mann! Manchmal zuckt seine Hand schon vor – und zieht sich wieder zurück. Nun komm schon! Zieh endlich, Jean! Wir wollen den Meister sehen!

Und endlich, nach fünf langen Minuten, man scharrt schon mit den Füßen, wagt es Jean zu ziehen. Er greift die Dame an. Mit einem Bauern greift er die schwarze Dame an. Will mit diesem hinhaltenden Zug seinem Schicksal entgehen. Wie kindisch! Schwarz braucht seine Dame doch nur um zwei Felder zurückzunehmen, und alles ist beim alten. Du bist am Ende, Jean! Dir fällt nichts mehr ein, du bist am Ende ...

Denn Schwarz greift – siehst du, Jean, da braucht er gar nicht lange nachzudenken, jetzt geht es Schlag auf Schlag! – Schwarz greift zur D... – und da bleibt allen für einen Moment das Herz stehen, denn Schwarz, wider alle offenbare Vernunft, greift *nicht* zur Dame, um sie dem lächerlichen Angriff des Bauern zu entziehen, sondern Schwarz führt seinen vorgefaßten Plan aus und setzt den Läufer auf G7.

Sie sehen ihn fassungslos an. Sie treten alle einen halben Schritt zurück wie aus Ehrfurcht und sehen ihn fassungslos an: Er opfert seine Dame und stellt den Läufer auf G7! Und er tut es in vollem Bewußtsein und unbeweglichen Gesichts, ruhig und überlegen dasitzend, blaß, blasiert und schön. Da wird ihnen feucht in den Augen und warm ums Herz. Er spielt so wie sie spielen wollen und nie zu spielen wagen. Sie begreifen nicht, warum er so spielt wie er spielt, und es ist ihnen auch egal, ja sie ahnen womöglich, daß er selbstmörderisch riskant spielt. Aber sie wollen trotzdem so spielen können wie er: großartig, siegesgewiß, napoleonesk. Nicht wie Jean, dessen ängstliches zögerndes Spiel sie begreifen, da sie selber nicht anders spielen als er, nur weniger gut; Jeans Spiel ist vernünftig. Es ist ordentlich und regelgerecht und ennervierend fad. Der Schwarze dagegen schafft mit jedem Zug Wunder. Er bietet die eigene Dame zum Opfer, nur um seinen Läufer auf G7 zu stellen, wann hätte man so etwas schon einmal gesehen? Sie stehen zutiefst gerührt vor dieser Tat. Jetzt kann er spielen, was er will, sie werden ihm Zug für Zug folgen bis zum Ende, mag es strahlend oder bitter sein. Er ist jetzt ihr Held und sie lieben ihn.

Und selbst Jean, der Gegner, der nüchterne Spieler, als er mit bebender Hand den Bauern zum Damenschlag führt, zögert wie aus Scheu vor dem strahlenden Helden und spricht, sich leise entschuldigend, bittend fast, daß man ihn zu dieser Tat nicht zwingen möge: »Wenn Sie sie mir geben, Monsieur ... ich muß ja ... ich muß ...«, und wirft einen flehenden Blick zu seinem Gegner. Der sitzt mit steinerner Miene und antwortet nicht. Und der Alte, zerknirscht, zerschmettert, schlägt.

Einen Augenblick später bietet der schwarze Läufer Schach. Schach dem weißen König! Die Rührung der Zuschauer schlägt um in Begeisterung. Schon ist der Damenverlust vergessen. Wie ein Mann stehen sie hinter dem jungen Herausforderer und seinem Läufer. Schach dem König! So hätten sie auch gespielt! Ganz genau so, und nicht anders! Schach! – Eine kühle Analyse der Stellung würde ihnen freilich sagen, daß Weiß eine Fülle von möglichen Zügen zu seiner Verteidigung hat, aber das interessiert niemand mehr. Sie wollen nicht mehr nüchtern analysieren, sie wollen jetzt nur noch glänzende Taten sehen, geniale Attacken und mächtige Streiche, die den Gegner erledigen. Das Spiel – dieses Spiel – hat für sie nur noch den Sinn und das eine Interesse: den jungen Fremden siegen und den alten Matador am Boden vernichtet zu sehen.

Jean zögert und überlegt. Er weiß, daß keiner mehr einen Sou auf ihn setzen würde. Aber er weiß nicht, warum. Er versteht nicht, daß die andern – doch alle erfahrene Schachspieler – die Stärke und Sicherheit seiner Stellung nicht erkennen. Dazu besitzt er ein Übergewicht von einer Dame und drei Bauern. Wie können sie glauben, daß er verliert? Er kann nicht verlieren! – Oder doch? Täuscht er sich? Läßt seine Aufmerksamkeit nach? Sehen die anderen mehr als er? Er wird unsicher. Vielleicht ist schon die tödliche Falle gestellt, in die er beim nächsten Zug tappen soll. Wo ist die Falle? Er muß sie vermeiden. Er muß sich herauswinden. Er muß auf jeden Fall seine Haut so teuer wie möglich verkaufen ...

Und noch bedächtiger, noch zögernder, noch ängstlicher an die Regeln der Kunst sich klammernd, erwägt und berechnet Jean und entschließt sich dann, einen Springer so abzuziehen und zwischen König und Läufer zu stellen, daß nun seinerseits der schwarze Läufer im Schlagbereich der weißen Dame steht.

Die Antwort von Schwarz kommt ohne Verzögerung. Schwarz bricht den gestoppten Angriff nicht ab, sondern führt Verstärkung heran: Sein Pferd deckt den angegriffenen Läufer. Das Publikum jubelt. Und nun geht es Schlag auf Schlag: Weiß holt einen Läufer zur Hilfe, Schwarz wirft einen Turm nach vorn, Weiß bringt sein zweites Pferd, Schwarz seinen zweiten Turm. Beide Seiten massieren ihre Kräfte um das Feld, auf dem der schwarze Läufer steht, das Feld, auf dem der Läufer ohnehin nichts mehr auszurichten hätte, ist zum Zentrum der Schlacht geworden – warum, man weiß es nicht, Schwarz will es so. Und jeder Zug, mit dem Schwarz weiter eskaliert und einen neuen Offizier heranführt, wird jetzt vom Publikum ganz offen und laut bejubelt, jeder Zug, mit dem Weiß sich notgedrungen verteidigt, mit unverhohlenem Murren quittiert. Und dann eröffnet Schwarz, wiederum gegen alle Regeln der Kunst, einen mörderischen Abtauschreigen. Für einen an Kräften unterlegenen Spieler – so sagt es das Lehrbuch – kann ein solch rigoroses Gemetzel schwerlich von Vorteil sein. Doch Schwarz beginnt es trotzdem, und das Publikum jauchzt. Eine solche Schlachterei hat man noch nicht erlebt. Rücksichtslos mäht Schwarz alles nieder, was sich in Schlagweite befindet, achtet die eignen Verluste für nichts, reihenweise sinken die Bauern, sinken unter frenetischem Beifall des kundigen Publikums Pferde, Türme und Läufer...

Nach sieben, acht Zügen und Gegenzügen ist das Schachbrett verödet. Die Bilanz der Schlacht sieht verheerend für Schwarz aus: Es besitzt nur noch drei Figuren, nämlich den König, einen Turm, einen einzigen Bauern. Weiß hingegen hat neben König und Turm seine Dame und vier Bauern aus dem Armageddon gerettet. Für jeden verständigen Betrachter der Szene konnte nun wirklich kein Zweifel mehr darüber herrschen, wer die Partie gewinnen würde. Und in der Tat – *Zweifel* herrscht nicht. Denn nach wie vor – den noch von kampfeslüsterner Erregung glühenden Gesichtern ist es anzusehen – sind die Zuschauer auch im Angesichte des Desasters davon überzeugt, daß ihr Mann siegen wird! Noch immer würden sie jede Summe auf ihn setzen und die bloße Andeutung einer möglichen Niederlage wütend zurückweisen.

Und auch der junge Mann scheint völlig unbeeindruckt von der katastrophalen Lage. Er ist am Zug. Ruhig nimmt er seinen Turm und rückt ihn um ein Feld nach rechts. Und wieder wird es still in der Runde. Und tatsächlich treten jetzt den erwachsenen Männern die Tränen in die Augen vor Hingebung an dies Genie von einem Spieler. Es ist wie am Ende der Schlacht von Waterloo, als der Kaiser die Leibgarde in das längst verlorene Gefecht schickt: Mit seinem letzten Offizier geht Schwarz erneut zum Angriff über!

Weiß hat nämlich seinen König auf der letzten Linie auf G1 postiert und drei Bauern auf der zweiten Linie vor ihm stehen, sodaß der König eingeklemmt und daher tödlich bedroht stünde, gelänge es Schwarz, wie es dies offenbar vorhat, im nächsten Zug mit seinem Turm auf die erste Linie vorzustoßen.

Nun ist diese Möglichkeit, einen Gegner schachmatt zu setzen, wohl die bekannteste und banalste, fast möchte man sagen, die kindischste aller Möglichkeiten im Schachspiel, beruht ihr Erfolg doch allein darauf, daß der Gegner die offenkundige Gefahr nicht erkennt und keine Gegenmaßnahmen einleitet, deren wirksamste darin besteht, die Reihe der Bauern zu öffnen und so dem König Ausweiche zu verschaffen; einen erfahrenen Spieler, ja sogar einen fortgeschrittenen Anfänger mit diesem Taschenspielertrick matt setzen zu wollen, ist mehr als frivol. Jedoch das hingerissene Publikum bewundert den Zug des Helden, als sähe es ihn heute zum ersten Mal. Sie schütteln den Kopf vor grenzenlosem Erstaunen. Freilich, sie wissen, daß Weiß jetzt einen kapitalen Fehler machen muß, damit Schwarz zum Erfolg kommt. Aber sie glauben daran. Sie glauben wirklich daran, daß Jean, der Lokalmatador, der sie alle geschlagen hat, der sich nie eine Schwäche erlaubt, daß Jean diesen Anfängerfehler begeht. Und mehr noch: Sie hoffen es. Sie ersehnen es. Sie beten im Innern dafür, inbrünstiglich, daß Jean diesen Fehler begehen möge...

Und Jean überlegt. Wiegt bedenklich den Kopf hin und her, wägt, wie es seine Art ist, die Möglichkeiten gegeneinander ab, zögert noch einmal – und dann wandert seine zitternde, von Altersflecken übersäte Hand nach vorn, ergreift den Bauern auf G2 und setzt ihn auf G3.

Die Turmuhr von Saint Sulpice schlägt acht. Die andern Schachspieler des Jardin du Luxembourg sind längst zum Aperitiv gegangen, der Mühlebrettverleiher hat längst seine Bude geschlossen. Nur in der Mitte des Pavillons steht noch um die zwei Kämpfer die Gruppe der Zuschauer. Sie schauen mit großen Kuhblicken auf das Schachbrett, wo ein kleiner weißer Bauer die Niederlage des schwarzen Königs besiegelt hat. Und sie wollen es noch immer nicht glauben. Sie wenden ihre Kuhblicke von der deprimierenden Szenerie des Spielfelds ab, dem Feldherrn zu, der bleich, blasiert und schön und unbeweglich auf seinem Gartenstuhl sitzt. »Du hast nicht verloren«, spricht es aus ihren Kuhblicken, »du wirst jetzt ein Wunder vollbringen. Du hast diese Lage von Anfang an vorausgesehen, ja herbeigeführt. Du wirst jetzt den Gegner vernichten, wie, das wissen wir nicht, wir wissen ja überhaupt nichts, wir sind ja nur einfache Schachspieler. Aber du, Wundermann, kannst es vollbringen, du wirst es vollbringen. Enttäusche uns nicht! Wir glauben an dich.

Vollbringe das Wunder, Wundermann, vollbringe das Wunder und siege!«

Der junge Mann saß da und schwieg. Dann rollte er die Zigarette mit dem Daumen an die Spitze von Zeige- und Mittelfinger und steckte sie sich in den Mund. Zündete sie an, nahm einen Zug, blies den Rauch übers Schachbrett. Glitt mit seiner Hand durch den Rauch, ließ sie einen Moment über dem schwarzen König schweben und stieß ihn dann um.

Es ist eine zutiefst ordinäre und böse Geste, wenn man den König umstößt zum Zeichen der eigenen Niederlage. Es ist wie wenn man nachträglich das ganze Spiel zerstört. Und es macht ein häßliches Geräusch, wenn der umgestoßene König gegen das Brett schlägt. Jedem Schachspieler sticht es ins Herz.

Der junge Mann, nachdem er den König verächtlich mit einem Fingerschlag umgestoßen hatte, erhob sich, würdigte weder seinen Gegner noch das Publikum eines Blicks, grüßte nicht und und ging davon.

Die Zuschauer standen betreten, beschämt, und blickten ratlos auf das Schachbrett. Nach einer Weile räusperte sich der eine oder andre, scharrte mit dem Fuß, griff zur Zigarette. – Wieviel Uhr ist es? Schon Viertel nach acht? Mein Gott, so spät! Wiedersehn! Salut Jean ...! und sie murmelten irgendwelche Entschuldigungen und verdrückten sich rasch.

Der Lokalmatador blieb alleine zurück. Er stellte den umgestoßenen König wieder aufrecht hin und begann, die Figuren in ein Schächtelchen zu sammeln, erst die geschlagenen, dann die auf dem Brett verbliebenen. Während er das tat, ging er, wie es seine Gewohnheit war, die einzelnen Züge und Stellungen der Partie noch einmal in Gedanken durch. Er hatte nicht einen einzigen Fehler gemacht, natürlich nicht. Und dennoch schien ihm, als habe er so schlecht gespielt wie nie in seinem Leben. Nach Lage der Dinge hätte er seinen Gegner schon in der Eröffnungsphase matt setzen müssen. Wer einen so miserablen Zug wie jenes Damengambit zuwege brachte, wies sich als Ignorant des Schachspiels aus. Solche Anfänger pflegte Jean je nach Laune gnädig oder ungnädig, jedenfalls aber zügig und ohne Selbstzweifel abzufertigen. Diesmal aber hatte ihn offenbar die Witterung für die wahre Schwäche seines Gegners verlassen – oder war er einfach feige gewesen? Hatte er sich nicht getraut, mit dem arroganten Scharlatan, wie er es verdiente, kurzen Prozeß zu machen?

Nein, es war schlimmer. Er hatte sich nicht vorstellen *wollen,* daß der Gegner so erbärmlich schlecht sei. Und noch schlimmer: Fast bis zum Ende des Kampfes hatte er glauben wollen, daß er dem Unbekannten nicht einmal ebenbürtig sei. Unüberwindlich wollten ihm dessen Selbstsicherheit, Genialität und jugendlicher Nimbus scheinen. Deshalb hatte er so über die Maßen vorsichtig gespielt. Und nicht genug: Wenn Jean ganz ehrlich war, so mußte er sich sogar eingestehen, daß er den Fremden bewundert hatte, nicht anders als die andern, ja, daß er sich gewünscht hatte, jener möge siegen und ihm, Jean, auf möglichst eindrucksvolle und geniale Weise die Niederlage, auf die zu warten er seit Jahren müde wurde, *endlich* beibringen, damit er endlich befreit wäre von der Last, der größte zu sein und alle schlagen zu müssen, damit das gehässige Volk der Zuschauer, diese neidige Bande, endlich seine Befriedigung hätte, damit Ruhe wäre, endlich ...

Aber dann hatte er natürlich doch wieder gewonnen. Und es war ihm dieser Sieg der ekelhafteste seiner Laufbahn, denn er hatte, um ihn zu vermeiden, ein ganzes Schachspiel lang sich selbst verleugnet und erniedrigt und vor dem erbärmlichsten Stümper der Welt die Waffen gestreckt.

Er war kein Mann großer moralischer Erkenntnisse, Jean, der Lokalmatador. Aber soviel war ihm klar, als er mit dem Schachbrett unterm Arm und dem Schächtelchen mit den Figuren in der Hand nach Hause schlurfte: daß er nämlich in Wahrheit heute eine Niederlage erlitten hatte, eine Niederlage, die deshalb so furchtbar und endgültig war, weil es für sie keine Revanche gab, und sie durch keinen noch so glänzenden künftigen Sieg wieder würde wett zu machen sein. Und daher beschloß er – der im übrigen auch nie je ein Mann großer Entschlüsse gewesen war –, Schluß zu machen mit dem Schach, ein für allemal.

Künftig würde er Boules spielen wie all die andern Rentner auch, ein harmloses, geselliges Spiel von geringerem moralischen Anspruch.

Gottfried Helnwein, *Ist das der Dank für alles?*, 1979

Otto Jägersberg
Wer wo

In der ehemaligen Mühle
wohnt ein Rechtsanwalt
In der ehemaligen Schule
wohnt der Chefreporter
In der ehemaligen Möbelfabrik
wohnt der Kurdirektor
In der ehemaligen Kirche
wohnt der zugezogene Architekt
In den ehemaligen Bauernhöfen
wohnen längst die Falschen
Und in unserem Gefängnis
ist kein Zimmer frei
Wir fragen uns voller Bewunderung:
Wo kriegen die nur immer
die Richtigen her?

Nach- und Hinweise

Harold ADAMSON und Hoagy CARMICHAEL (Text und Musik) *When Love Goes Wrong*. Marilyn Monroe singt dieses Lied in dem Film *Gentlemen Prefer Blondes* (1953). Regie: Howard Hawks. Drehbuch: Charles Lederer (Musical-Fassung) nach dem Stück von Anita Loos und Joseph Fields. In den Hauptrollen des Films: Jane Russell, Marilyn Monroe und Charles Coburn. Transkribiert von Philipp Keel.

Kurt BARTSCH (*10. 7. 1937, Berlin; lebt seit 1980 in West-Berlin) *Fading*. Aus *Die Hölderlinie. Deutsch-deutsche Parodien*. © 1983 Rotbuch Verlag, Berlin. Abb. S. 175, 177, 178 und 181 aus *Vergebliche Worte* von Paul Flora. Diogenes, Zürich 1981

Peter BICHSEL (*24. 3. 1935, Luzern; lebt bei Bellach/Solothurn) *Killt das Fernsehen die Bücher?* (Titel vom Herausgeber) Ausschnitte aus dem Interview *Killt das Fernsehen die Bücherkultur?* mit Rudolf Blum und Rolf Mühlemann, erstmals erschienen in *Tele* Nr. 2, 1985. Abdruck mit freundlicher Erlaubnis der *Tele*-Redaktion, Zürich. © 1985 Ringier Verlag, Zofingen. Abb. S. 187 aus *Zum Lachen. Gesammelte Cartoons* von Chaval. Diogenes, Zürich 1974 (detebe 20154)

Patricia BOSWORTH (geboren in San Francisco; lebt in New York) *Diane Arbus*. Unter der Redaktion von Dr. Inge Leipold, aus dem Amerikanischen von Peter Münder, Frank Thomas Mende, Dorothee Asendorf und Barbara Evers. Ausschnitt aus der gleichnamigen Biographie. © 1984 Schirmer/Mosel, München. Abb. S. 66: Diane Arbus, Selbstporträt mit Kamera als Achtzehnjährige im Spiegel ihres Badezimmers.

Ray BRADBURY (*22. 8. 1920, Waukegan/Illinois; lebt in Los Angeles) *Sterbe ich, so stirbt die Welt. (I die, so dies the world)* Deutsch von David H. Richards. Aus *The Complete Poems of Ray Bradburg*. Copyright an der deutschen Übersetzung © 1985 Diogenes, Zürich. Deutsche Erstveröffentlichung.

Hoagy CARMICHAEL
siehe Harold Adamson

Anton ČECHOV (17. 1. 1860, Taganrog – 2. 7. 1904, Badenweiler) *»Ohne Frau ist eine Novelle wie eine Maschine ohne Dampf.«* (Titel vom Herausgeber) Eine Auswahl aus den Briefen, erschienen in *Briefe 1877–1904* in fünf Bänden, hrsg. und übersetzt von Peter Urban. © 1979 Diogenes, Zürich. (detebe 21064–21068)

Genoveva DIETERICH (*18. 12. 1941, Madrid; lebt in Madrid)
Einzelgänger Hammett. Erstveröffentlichung mit freundlicher Erlaubnis der Autorin. Abb. S. 84: © The Granger Collection, New York; S. 90: © *Daily News,* New York. An dieser Stelle sei auf das Buch *Dashiell Hammett. Eine Biographie* von Diane Johnson (deutsch von Niklaus Stingl) hingewiesen, das im Frühjahr 1985 bei Diogenes erscheint.

EINSEITIGE LIEBE
Erschienen in der *Neuen Zürcher Zeitung,* 15. 1. 1985, 206. Jahrgang, Nr. 12.

Herbert EISENREICH (*7. 2. 1925, Linz; lebt in Wien)
Aus nichts wird nichts als Ärger. (Titel vom Herausgeber) Erstveröffentlichung mit freundlicher Erlaubnis des Autors. Herbert Eisenreich erhält 1985 den Franz-Kafka-Literaturpreis.
Abb. S. 122 und S. 128 sind dem Band *Zum Lachen. Gesammelte Cartoons* von Chaval entnommen, erschienen bei Diogenes 1974 (detebe 20154).

Federico FELLINI (*20. 1. 1920, Rimini; lebt in Rom)
Das Alter packt einen ganz plötzlich. (Titel vom Herausgeber) Deutsch von Renate Heimbucher-Bengs. Ein Auszug aus *Warum machen Sie nicht mal eine schöne Liebesgeschichte?* Ein Gespräch mit Giovanni Grazzini. © 1984 Diogenes, Zürich. (detebe 21227)

Gerd FUCHS (*14. 9. 1932, Nonnweiler/Saar; lebt in Hamburg)
Adorno, Enzensberger und jetzt Hildesheimer. (Titel vom Herausgeber) Zuerst erschienen unter dem Titel »Der letzte macht das Licht aus« in *Konkret* (Sondernummer ›Literatur‹, 1984/85) Von Gerd Fuchs sind bisher erschienen: »Stunde Null«, »Ein Mann fürs Leben« und »Die Amis kommen«, alle im Rowohlt Verlag, Reinbek bei Hamburg.

Gottfried HELNWEIN (*1948, Wien; lebt in Wien)
Abb. S. 64, S. 188 und S. 210 aus dem Bildband *Die Katastrophe,* der im Frühjahr 1985 bei Diogenes erschien. An dieser Stelle sei auf die Ausstellung in der Albertina (Wien) vom 2. 4. 1985 – 5. 5. 1985 hingewiesen.

Patricia HIGHSMITH (*19. 1. 1921, Fort Worth/Texas; lebt im Tessin)
Nixen auf dem Golfplatz. Deutsch von Anne Uhde. Aus dem gleichnamigen Erzählband, der im Frühjahr 1985 bei Diogenes erscheint. Abb. S. 23: *Jonker's Smile* von Tomi Ungerer, aus dem Band *America. Zeichnungen 1956–1971.* Diogenes, Zürich 1975.

Otto JÄGERSBERG (*19. 5. 1942, Hiltrup/Westfalen; lebt in Baden-Baden)
Wer wo. Ein Gedicht aus seinem neuen Buch *Wein Liebe Vaterland,* das im Frühjahr 1985 bei Diogenes erschien. Veröffentlichung mit freundlicher Erlaubnis des Autors.

KEINER VERSTAND SEIN CHINESISCH
Erschienen im *Tagesanzeiger*, Zürich, 31. 12. 1983, 91. Jahrgang, Nr. 306.
LAO TSE (6. Jahrh. v. Chr. in China)
Unter diesem Himmel. Deutsch von Hans Knospe und Odette Brändli. Ausschnitt aus dem *Tao-Te-King* (Kapitel 2), das in dieser Übersetzung im Frühjahr 1985 bei Diogenes erscheint. (Diogenes Evergreen 05528)
Marilyn MONROE (eigentlich Norma Jean Mortenson oder Baker; 1. 6. 1926, Los Angeles – 5. 8. 1962)
Das süße Leben der Marilyn Monroe. Ein Bilderbogen. Photos: S. 46 aus *Marilyn Monroe. Eine Biographie von Norman Mailer*. Deutsch von Werner Peterich. Droemersche Verlagsanstalt Th. Knaur Nachf., München/Zürich 1973. (Photograph: Milton H. Greene); S. 47 aus *Marilyn Monroe. The Complete Last Sitting* von Bert Stern. Aus dem Amerikanischen von Reinhard Kaiser. Schirmer/Mosel, München 1982; S. 48, 49, 50 und 51 aus *Marilyn Monroe. Ihr Leben in Bildern* von James Spada und George Zeno. Deutsch von Dieter Erb. Bussesche Verlagsbuchhandlung, Herford 1983; S. 52 aus *Marilyn Monroe. Eine Biographie von Norman Mailer*. (s. o.) (Photograph: Laurence Schiller).
Howard MOSS (*22. 1. 1922, New York City; lebt in New York City)
Henrik Ibsen. Deutsch von Jörg Drews. Aus Howard Moss & Edward Gorey, *Augenblicke großer Geister (Instant Lives)*. © 1977 Diogenes, Zürich (detebe 20357). Abb. S. 168 aus *Berühmte Zeitgenossen* von Olaf Gulbransson, verlegt bei Albert Langen, München 1905.
Sean O'CASEY (30. 3. 1880, Dublin – 18. 9. 1964, London)
Mein Freund Čechov. (Titel vom Herausgeber) Deutsch von Susanne Schaup. Diese 1943 unter dem Titel *One of the World's Dramatists* verfaßte Würdigung, – zur Veröffentlichung in der UdSSR geschrieben –, erscheint hier erstmals in deutscher Sprache. Die vorliegende Fassung ist vom Herausgeber gekürzt, erscheint aber demnächst vollständig im Band *Über Čechov*, hrsg. von Peter Urban bei Diogenes.
Wladimir F. ODOJEWSKIJ (11. 8. 1803, Moskau – 11. 3. 1869, Moskau)
Die Poesie der Aktien. (Titel vom Herausgeber) Deutsch von Heinrich A. Stammler. Aus *Russische Nächte*. © 1984 Diogenes, Zürich (detebe 21235)
Laurence OLIVIER (*22. 5. 1907, Dorking/England; lebt in England)
Der Prinz und die Tänzerin. (Titel vom Herausgeber, nach dem gleichnamigen Film *The Prince and the Showgirl*, 1957, Regie: Laurence Olivier, in den Hauptrollen Marilyn Monroe und Laurence Olivier). Deutsch von Ger-

hard Beckmann. Aus *Confessions of an Actor*, das demnächst bei C. Bertelsmann, München, erscheint. Copyright an der deutschen Übersetzung © 1985 C. Bertelsmann, München. *Welt am Sonntag*, Verlag Axel Springer, Hamburg, wird Auszüge im Vorabdruck veröffentlichen. Deutsche Erstveröffentlichung. Abb. S. 34 aus *Marilyn Monroe. Ihr Leben in Bildern* von James Spada und George Zeno. Deutsch von Dieter Erb. Bussesche Verlagsbuchhandlung, Herford 1983.

Alexander SINOWJEW (*29. 10. 1922, Pachtino/UdSSR; lebt seit 1978 in München)
... mag ich, mag ich nicht. Deutsch von Anne von Planta. Erstveröffentlichung mit freundlicher Erlaubnis des Autors. Photo auf S. 192: Archiv Diogenes.

Nicoletta SIPOS
»Ich habe die Frau gegessen, die ich anbetete.« Deutsch von Renate Heimbucher-Bengs. Zuerst erschienen in *Gente*, 15. 9. 1984. Copyright an der deutschen Übersetzung © 1985 Diogenes, Zürich. Abb. S. 58 aus *Zum Heulen. Gesammelte Cartoons* von Chaval. Diogenes, Zürich 1974 (detebe 20155)

Patrick SÜSKIND (*26. 3. 1949, Ambach am Starnberger See)
Ein Kampf. Erstveröffentlichung mit freundlicher Erlaubnis des Autors. Abb. S. 194 aus *Toxicologie* von Roland Topor. Diogenes, Zürich 1980. (kunst-detebe 26021)

Roland TOPOR (*7. 1. 1938, Paris; lebt in Paris)
Wenn ich ... mich wäre. Deutsch von Lislott Pfaff. Aus *Le Monde*, Paris, 4. 6. 1982. Copyright an der deutschen Übersetzung ©1985 Diogenes, Zürich. Deutsche Erstveröffentlichung. An dieser Stelle sei auf die Ausstellung »Topor Tod und Teufel« im Münchner Stadtmuseum (14. 2.–5. 5. 1985) und den gleichnamigen Bildband, der im Frühjahr 1985 bei Diogenes erschien, hingewiesen.

Walther von der VOGELWEIDE (geboren um 1170, vermutlich Niederösterreich – um 1230, bei Würzburg)
Urteil. Aus *Liebsgetön. Minnelieder*. Frei übertragen von Karl Bernhard. Erscheint im Frühjahr 1985 bei Diogenes (Diogenes Evergreen 05529).

Evelyn WAUGH (28. 10. 1903, London – 10. 4. 1966, Taunton/Somerset)
Auf Posten. Deutsch von Otto Bayer. Aus dem Erzählband *Charles Ryders Tage vor Brideshead* (detebe 21276), der im Frühjahr 1985 bei Diogenes erscheint.
»Im 13. Jahrhundert hätte ich mich wohlgefühlt.« (Titel vom Herausgeber) Ein Gespräch mit Julian Jebb. Deutsch von Otto Bayer. Aus *Writers at Work. The Paris Review Interviews*. © 1967 The Paris Review Inc., New York. Deutsche Erstveröffentlichung. Abb. 92: ein Porträt von Mark Gerson. An dieser Stelle sei auf

die Sammlung *The Essays, Artikels and Reviews of Evelyn Waugh* hingewiesen, erschienen bei Methuen, London 1983.
Walt WHITMAN (31. 5. 1819, West Hills, Long Island/New York – 26. 3. 1892, Camden/New Jersey) *Ich singe das Selbst*. Nachdichtung von Hans Reisiger. Aus *Grashalme*. Das Werk erscheint demnächst bei Diogenes.

TINTENFASS IMPRESSUM
Redaktion und Administration: Sibylle Dorn, Daniel Keel, Franz Sutter. Gestaltung und Herstellung: Klaus Schröder. Anzeigen: Marianne Herzog. Vertrieb: Birgitt Naumann. Nachdrucksrechte: Christine Doering. Geschäftsleitung: Rudolf C. Bettschart. Adresse von Verlag und Redaktion: Sprecherstraße 8, CH-8032 Zürich, Telefon 01/2528111, Telex 816383. Über unverlangt eingesandte Manuskripte kann keine Korrespondenz geführt werden.

Die neuen Wilden

Der Drang zum abstrakten Erzählen ist mit der Post-Moderne in eine Art Sackgasse geraten, und heute übernehmen Schriftsteller auch wieder altmodische Erzähltechniken aus populäreren Gattungen. Eine ähnliche Entwicklung also wie in der Malerei, wo die Maler der Avantgarde das menschliche Ebenbild immer weiter zerstörten, um schließlich auf die blanke Leinwand zu stoßen. Das Ebenbild mußte neu erfunden werden. Und genau dies tun die Schriftsteller, indem sie zur Handlung zurückfinden.
Sie benutzen diese populäreren Techniken, aber mit einem ironischen Augenzwinkern.

Umberto Eco

Exzellent, tückisch. **Weltwoche.** Spannend, hintergründig, prächtig erzählt. **Südwestfunk.** Ein Meisterwerk. **Neue Zürcher Zeitung.**

Die Germanisten wollen in Wahrheit von der Welt nichts wissen. Sie wollen nichts Neues sehen. Sie meinen, sie kennen die Welt. **Rainald Goetz.** Dieser Roman über Liebe, Langeweile und Leidenschaft, über Zeitungen, Zyniker und Zürich, wirkt wie ein erfrischender Windstoß in die parakünstlerische Literatur unserer Germanisten. **Hannes Berger.**

Der Romancier, welcher der italienischen Literatur seit langem gefehlt hat. **Alice Vollenweider.** De Carlos Stil, weit entfernt von jedem Vorbild, erinnert an die Maler des Fotorealismus. **Italo Calvino.** Herausragend, weil hier bei aller persönlichen Betroffenheit jeder Bekenntnischarakter vermieden wird. **Birgitta Ashoff.**

Diogenes

Gottfried Helnwein
jetzt
bei Diogenes

Im Jahre 1954 bringt Helnweins Vater
die ersten Micky-Maus-Hefte nach Hause,
der Sechsjährige lernt Entenhausen kennen.
"Der einzige Lehrer, von dem ich
was lernte, war Walt Disney."
Gottfried Helnwein

"Helnwein-Illustrationen sind
scharf wie Messer."
Peter Sager/Zeit-Magazin

"Will you paint me with bandages."
Mick Jagger

"Helnwein ist ein großer Künstler."
Hans Krankl

"Die makellose Provokation."
Süddeutsche Zeitung

"Das ist Malerei für die Ewigkeit."
Wolfgang Bauer

"This is real painting,
I can't believe it."
Muhammed Ali

"Meine Bilder sind vordergründig,
trivial und spekulativ."
Gottfried Helnwein

Helnwein

DIE KATASTROPHE

Roland Topor
im Diogenes Verlag

Therapien
Zeichnungen und Texte 1970 – 1981
Diogenes Kunstbuch

Tagträume
Vorwort von Arrabal. Diogenes Kunstbuch

Topor, Tod und Teufel
Herausgegeben von Wolfgang Till, Christoph Stölzl
und Gina Kehayoff. Mit über 400 Abbildungen, davon mehr
als 150 Farbtafeln. Diogenes Kunstbuch

Toxicologie
Vorwort von Arrabal, Nachwort von Jacques Prévert
kunst-detebe 26021

Phallunculi
oder Vom Wesen des Dinges. Diogenes Kunstbuch

Tragödien
Zeichnungen 1958–1968
kunst-detebe 26011

Le Grand Macabre
Bühnenbild- und Kostüm-Entwürfe für die Oper von
György Ligeti. kunst-detebe 26023

Memoiren eines alten Arschlochs
Aus dem Französischen von Eugen Helmlé. detebe 20775

Der Mieter
Roman. Deutsch von Wolfram Schäfer
detebe 20358

TOPOR
TOD UND TEUFEL

DIOGENES

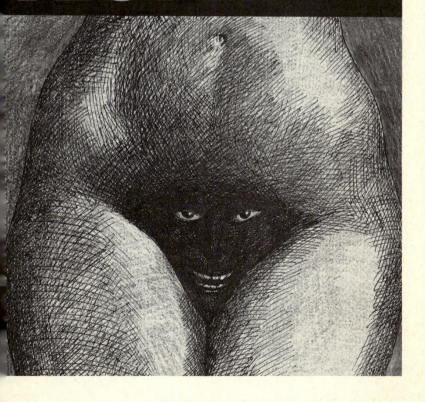

Dashiell Hammett
im Diogenes Verlag

*Die besten Geschichten von
Dashiell Hammett*
Ausgewählt von William Matheson
Diogenes Evergreens

Der Malteser Falke
Roman. Aus dem Amerikanischen von Peter
Naujack. detebe 20131

Rote Ernte
Roman. Deutsch von Gunar Ortlepp
detebe 20292

Der Fluch des Hauses Dain
Roman. Deutsch von Wulf Teichmann
detebe 20293

Der gläserne Schlüssel
Roman. Deutsch von Hans Wollschläger
detebe 20294

Der dünne Mann
Roman. Deutsch von Tom Knoth
detebe 20295

Fliegenpapier
Detektivstories I. Deutsch von Harry
Rowohlt, Helmut Kossodo, Helmut Degner,
Peter Naujack und Elizabeth Gilbert.
Vorwort von Lillian Hellman. detebe 20911

Fracht für China
Detektivstories II. Deutsch von Elizabeth
Gilbert, Antje Friedrichs und Walter E.
Richartz. detebe 20912

Das große Umlegen
Detektivstories III. Deutsch von Walter E.
Richartz, Hellmuth Karasek und Wulf
Teichmann. detebe 20913

Das Haus in der Turk Street
Detektivstories IV. Deutsch von Wulf
Teichmann. detebe 20914

Das Dingsbums Küken
Detektivstories V. Deutsch von Wulf
Teichmann. Nachwort von Prof. Steven
Marcus. detebe 20915

Außerdem liegt vor:

Diane Johnson
Dashiell Hammett
Eine Biographie. Aus dem Amerikanischen
von Nikolaus Stingl. Mit zahlreichen Abbildungen. Leinen

Diane Johnson
DASHIELL HAMMETT
Eine Biographie
Diogenes

Neue Literatur im

»Ein tolles, kluges Stück, frech und voller Witz und Geist, eine Formel für die Katastrophenpolitik von heute.« *Stern*

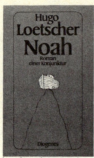

Jetzt kann ihn nur noch die Sintflut retten

Ein Zeitgemälde, das die Figuren durch eine poetische Sprache lebendig werden läßt

Geschichten über Freude, Glück, Wohlstand, Eigensinn und Courage

»Witz hat er und ein Ohr dafür, was die Leute schwafeln.« *Süddeutsche Zeitung*

»Beinahe schon ein Klassiker der jungen deutschen Lyrik.« *Marcel Reich-Ranicki*

Kein Buch für Empfindliche, aber von Empfindenden handelnd

Ein abendfüllendes Werk für einen Kontrabaßspieler, von einem Literaten komponiert

Fellinis Meinung über sein Leben, seine Filme, über Politik und Terror und über schöne Frauen, Liebe und Sex

»Dieses Buch hat nur einen Fehler: es hat nur 178 Seiten!« *ORF, Wien*

»Einer der größten Visionäre unter den zeitgenössischen Autoren.« *Aldous Huxley*

»Das stärkste Werk von Patricia Highsmith seit 'Ediths Tagebuch'« *L'Express, Paris*

Diogenes Verlag

Novellen, die von jenen Unglücklichen erzählen, denen das Bewußtsein ein Verhängnis war

Ein modernes Märchen und gleichzeitig eine gradlinig erzählte Actionstory

Diese Fälle wurden von keinem Krimiautor erfunden, sondern sind wahre Begebenheiten aus der Welt der Musik

Rosas Philosophie: Alle, die etwas tun, wozu sie keine Lust haben, sind Idioten

Eine sentimentale Wintergeschichte, aber ohne Tränen

Die Geschichte von Shirley und anderen Sirenen in der Themse

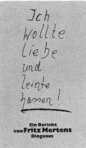

Der Bericht eines tragischen Schicksals

»Der beste Krimiautor unserer Tage heißt Simenon, weil er etwas von Edgar Allan Poe hat.« *Dashiell Hammett*

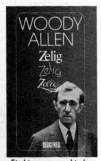

»Ein kinematographisches Wunder.« *Frankfurter Allgemeine Zeitung*

»Irrsinnig komisch, meisterhaft erzählt, bezaubernd« *The New York Times*

Eine Liebesgeschichte, erzählt aus der Sicht der ungelenk-scharfen Cal-Augen Mac Lavertys

»Präzis, zärtlich, komisch, sinnlich – und beunruhigend.« *The Times*

Warum **Krisenbibliothek**?

»Ein Taschen-Buch, im wahrsten Sinn des Wortes. Und ein bemerkenswertes dazu. Den Witz, den es erkennen läßt, verdankt es dem Diogenes Verlag, der vor Jahresfrist die Branche damit überraschte, daß er sich zu einem wahrhaftigen Jahrhundert-Unternehmen entschloß: zu einer **Krisenbibliothek der Weltliteratur** in 333 Bänden, deren letzter im Jahre 2000 auf den sogenannten Markt kommen soll. Die Frage, welches Buch man im Krisenfalle auf eine einsame Insel mitnehmen würde, sofern man die freie Auswahl hätte und zum Kofferpacken noch genug Zeit wäre, dürfte nun sehr rasch zu beantworten sein: natürlich ein Bändchen mit Schelmenstücken aus Giovanni Boccaccios ›Decamerone‹, die besten Seiten aus ›Adams Tagebuch‹ von Mark Twain, eine Auswahl der Gedichte Heinrich Heines, der Galgenlieder Christian Morgensterns oder, meine ganz persönliche Empfehlung, der Sprüche des weisen Königs Salomo. Wer keine Insel weiß, auf die er sich zurückziehen könnte, sei an Wilhelm Busch erinnert: ›Diogenes der Weise aber kroch ins Faß/ Und sprach: Ja ja, das kommt von das.‹ Jener Verlag in Zürich, der den Namen ebendieses Privatgelehrten trägt, hat das Faß seetüchtig gemacht und zu einer literarischen Arche Noah umgerüstet, in der nicht nur Salomo und Boccaccio, Heine und Morgenstern Platz finden, sondern Claudius und Mörike, Maupassant, Tolstoi und Simenon. Die Auswahl, die man getroffen hat, die Mühe, die man sich mit der Ausstattung der Bändchen gemacht hat, der Wagemut schließlich, ohne den ein solch originelles Vorhaben gewiß nicht ins Werk zu setzen wäre: dies alles verdient höchsten Respekt. Vollständige Editionen wird die **Krisenbibliothek** nicht bieten wollen und auch nicht bieten können – dafür aber dann das Schönste, das Beste, das Erlesenste.« *Franz Josef Görtz*

E.T.A. HOFFMANN
Fantastische Erzählungen

In der dreibändigen, mit den kongenialen Zeichnungen Alfred Kubins illustrierten Taschenbuchausgabe sind die besten fantastischen Erzählungen E.T.A. Hoffmanns gesammelt – unübertroffene Meisterwerke der fantastischen Literatur.

Heyne-Taschenbuch (3 Bände in Kassette) 01/6560 – DM 19,40

EDGAR ALLAN POE
Geschichten des Grauens

Das Grauen, der Alptraum, das Leben voll unheimlicher Begebenheiten und magischer Rätsel; das sind die faszinierenden Bestandteile der Geschichten von Edgar Allan Poe, die in dieser dreibändigen Taschenbuchedition mit Illustrationen von Alfred Kubin gesammelt sind.

Heyne Taschenbuch (3 Bände in Kassette) 01/871 – DM 19,40

WILHELM HEYNE VERLAG MÜNCHEN

KL*f*G PREIS FRAGE Nr. 13

Wer ist dieser Autor? Das KL*f*G* gibt Auskunft über ihn.
Ein Hinweis: Er geriet 1944 in deutsche Kriegsgefangenschaft.

Schicken Sie uns Ihre Antwort auf dem untenstehenden Abschnitt oder schreiben Sie uns.
Der 1. Preis für die richtige Antwort ist ein Grundwerk KL*f*G mit kostenlosen Ergänzungslieferungen für zehn Jahre.
Bei mehreren richtigen Antworten entscheidet das Los. (Der Rechtsweg ist ausgeschlossen.)
Letzter Einsendetermin für Ihre Antwort ist acht Wochen nach Erscheinen dieser Anzeige.

* Kritisches Lexikon zur fremdsprachigen Gegenwartsliteratur – KL*f*G –

Herausgegeben von Heinz Ludwig Arnold Loseblattwerk, 1792 Seiten, DM 118,-- (einschließlich zwei Ordnern)

Ein Autorenlexikon als Loseblattsammlung ist ein Literaturlexikon, das nicht veraltet. Zwei- bis dreimal jährlich erscheinende Nachlieferungen bringen das KL*f*G jeweils auf den aktuellen Stand.
Das KL*f*G informiert über Biographie, Werk und Wirkung jener fremdsprachigen Schriftsteller, die das Bild der zeitgenössischen Literatur ihres Sprachraums prägen und deren Werk ganz oder in wesentlichen Teilen in deutscher Übersetzung vorliegt. Die Artikel des KL*f*G werden nicht nur aus den deutschen Übersetzungen, sondern immer auch auf der Grundlage des originalsprachigen Gesamtwerks erarbeitet – nur so kann ein sinnvolles Verständnis gerade auch für außereuropäische Literaturen und ihre Schriftsteller vermittelt werden.

Meine Antwort:
13

Name

Anschrift

An den Verlag
edition text + kritik
Levelingstraße 6 a
8000 München 80

*Bücher,
die die Welt verändern
im Diogenes Verlag*

Ray Bradbury
Fahrenheit 451
Roman. Deutsch von Fritz Güttinger
detebe 20862

Anton Čechov
Die Insel Sachalin
Ein Reisebericht
detebe 20270

Albert Einstein & Sigmund Freud
Warum Krieg?
Ein Briefwechsel. Mit einem Essay von Issac Asimov
detebe 20028

Victor Hugo
Der letzte Tag eines Verurteilten
Aus dem Französischen und Vorwort von W. Scheu
detebe 21234

Das Neue Testament
Die Frohe Botschaft in der griechischen Urfassung,
der lateinischen Vulgata, der Übersetzung von Martin Luther
und der englischen King James Bible
detebe 20925

George Orwell
Werkausgabe in 11 Bänden in Kassette
detebe 21134
Darin enthalten:
*1984
Die Farm der Tiere*

Andrej Sacharow
Wie ich mir die Zukunft vorstelle
Memorandum über Fortschritt,
friedliche Koexistenz und geistige Freiheit
Mit einem Vorwort von Max Frisch
detebe 20116

Henry David Thoreau
Über die Pflicht zum Ungehorsam gegen den Staat
Ausgewählte Essays
Herausgegeben, übersetzt und mit einem Nachwort
von W.E. Richartz
detebe 20063

Ziviler Ungehorsam

»Henry David Thoreau, jüngerer Freund des einflußreichen Emerson, Literat und Naturliebhaber in Concord bei Boston, hat schon 1849 verkündet, der Bürger habe ein Recht, ja sogar die Pflicht zur *civil disobedience* gegen den Staat, wenn die regierende Mehrheit Gesetze beschließt und Taten billigt, die der Bürger in seinem Gewissen für ein schweres Unrecht hält. In seinem berühmt gewordenen Essay *Über die Pflicht zum Ungehorsam gegen den Staat* stellt er Kernfragen der Demokratie: Dürfen Mehrheiten über Recht und Unrecht, ja sogar über Gewissensfragen entscheiden? Darf der Bürger auch nur für einen Augenblick und im geringsten Grad sein Gewissen dem Gesetzgeber überlassen? Wozu hat dann jeder Mensch ein Gewissen?

Kühn reklamiert der eben Dreißigjährige ein individuelles Gewissensrecht gegen ungerechte Mehrheitsentscheidungen: Wenn das Gesetz dich zum Arm des Unrechts macht, dann, sage ich, brich das Gesetz.

Nun würden auch die Thoreau-Fans in der Friedensbewegung kaum auf die Idee kommen, die Entwicklung in den USA nach 1850 in eins zu setzen mit der heutigen in der Bundesrepublik und im atlantischen Bündnis. Dennoch gibt es beklemmende Parallelen.«

Der Spiegel

detebe 20063, 5.80   detebe 20019, 9.80   detebe 21071, 14.80   detebe 20028, 5.80

Diogenes

Jürg Amann

Die Baumschule
Berichte aus dem Réduit
SP 342. DM 9.80

»Die Baumschule«, ein Erzählband, machte den Schweizer Jürg Amann 1982 weit über die Grenzen seines Landes hinaus als Schriftsteller von Rang bekannt. In seinen oft vertrackten Geschichten spielt der Ingeborg-Bachmann- und Conrad-Ferdinand-Meyer-Preisträger mit der Phantasie seiner Leser:

»Amanns Texte sind Kabinettstückchen, die außer Lust an der Form Leid am Menschen verraten.«
Niklas Frank/Der Stern

»Keine Frage – wir haben einen Autor vor uns, der minutiös beschreiben kann und über ein hohes Maß an sprachlichem Können verfügt.«
Hans Christian Kosler/FAZ

Franz Kafka
SP 260. DM 12.80

Dieses Buch des Ingeborg-Bachmann-Preisträgers von 1982 untersucht das Franz Kafka bestimmende Verhältnis von Schreiben und Leben, von schriftstellerischer Selbstfindung und Bewältigung der täglichen Wirklichkeit. Amanns Darstellung ist kein fachwissenschaftlicher Versuch, sondern die Auseinandersetzung eines betroffenen Schriftstellers mit einem unerbittlichen, konsequenten Künstler. Mit 20 Bildern aus Kafkas Leben, einer Zeittafel und einer übersichtlichen Bibliographie ist das Buch zugleich auch eine Einführung in das Werk Franz Kafkas.

Ach, diese Wege sind sehr dunkel
SP 398. DM 9.80

Im März 1985 wird Jürg Amanns neuestes Theaterstück »Ach, diese Wege sind sehr dunkel« in Karlsruhe uraufgeführt. Aus diesem Anlaß erscheinen drei seiner Stücke »Büchners Lenz«, »Die deutsche Nacht« und »Ach, diese Wege sind sehr dunkel«. In »Büchners Lenz« versucht ein Dichter verzweifelt, ein existentiell gespanntes Verhältnis zwischen Kunst und Leben zu gewinnen; in der »deutschen Nacht« expliziert – im Rahmen einer Komödie – der alte Goethe das Problem des Künstlers und Kunstschaffens in Deutschland; und im Mittelpunkt von »Ach, diese Wege sind sehr dunkel« steht Kaspar Hauser, der Ausgesetzte, der seine Identität sucht – und damit seine Sprache.

Javier Tomeo

Der Marquis schreibt einen unerhörten Brief

> Der Roman des aus Aragon stammenden Javier Tomeo wurde bei seinem Erscheinen als ein Meisterwerk der spanischen Gegenwartsliteratur gewürdigt.
>
> Der Marquis, seit zwanzig Jahren auf seinem Schloß vergraben, hat einen Brief geschrieben, der von allergrößter Bedeutung ist. Möglicherweise wird er darüber entscheiden, ob sein Verfasser in dies Jahrhundert zurückkehren kann, vielleicht bedeutet er sogar den Beginn einer allgemeinen Menschheitsbeglückung.
>
> Aber das Buch läßt sich nicht nur als heiter melancholischer Brief zur Einsamkeit des Menschen lesen, sondern zugleich als hintersinnige Parabel über den umständlichen Aufbruch Spaniens aus dem Abseits der europäischen Geschichte in eine schwierige Gegenwart.
>
> *»Es wäre unverantwortlich, dem deutschen Leser dieses Leservergnügen vorzuenthalten.«*   Fritz Rudolf Fries

Roman   Aus dem Spanischen von Elke Wehr
Quartheft 125.   128 Seiten, DM 16.80

Verlag Klaus Wagenbach   Ahornstraße 4   1000 Berlin 30

Diogenes Bücher für die Zukunft

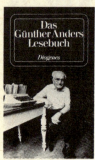

Ein repräsentativer Querschnitt durch das ganze Werk

Notizen aus dem Widerstand gegen die beste dieser Welten

Persönliche Erfahrungen über Gesellschaft, Politik und Kunst

Von der Höhle der Eiszeit zum Wohnsilo: Provokatorische Gedanken zur Menschheitsgeschichte

»Das Formulieren der Trostlosigkeit ist mein Trost.«
Friedrich Dürrenmatt

»Ich zwinge mich dazu, optimistisch zu sein. Sonst würde ich nichts mehr tun.« *Federico Fellini*

Von Abenteurern bis Zynismus

Sätze für Zeitgenossen

Ein philosophisch-poetischer Rundgang durch die Literatur der ökologischen Bewegung

Begegnung mit der Krankheit in Selbstzeugnissen schöpferischer Menschen: Freud, Goethe, Heine, Kafka, Rilke u. a.

»Das Problem des atomaren Wettrüstens ist so überdimensional und zugleich so menschlich.«
Ian McEwan

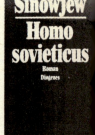

Kann es für die Menschheit – das Menschsein – noch eine Zukunft geben

Neuer Katalog in jeder guten Buchhandlung erhältlich

Am 21. September 1985
125. Todestag von
Arthur Schopenhauer
Zürcher Ausgabe

Vollständige Neuedition, die als Volks- und Studienausgabe angelegt ist: Jeder Band bringt nach dem letzten Stand der Forschung den integralen Text in der originalen Orthographie und Interpunktion Schopenhauers; Übersetzungen fremdsprachiger Zitate und seltener Fremdwörter sind in eckigen Klammern eingearbeitet; ein Glossar wissenschaftlicher Fachausdrücke ist als Anhang jeweils dem letzten Band der *Welt als Wille und Vorstellung* (detebe 20424), der *Kleineren Schriften* (detebe 20426) und der *Parerga und Paralipomena* (detebe 20430) beigegeben. Die Textfassung geht auf die historisch-kritische Gesamtausgabe von Arthur Hübscher zurück; das editorische Material besorgte Angelika Hübscher.

Die Welt als Wille und Vorstellung I
in zwei Teilbänden. detebe 20421 + 20422

Die Welt als Wille und Vorstellung II
in zwei Teilbänden. detebe 20423 + 20424

*Über die vierfache Wurzel des Satzes vom
zureichenden Grunde
Über den Willen in der Natur*
Kleinere Schriften I. detebe 20425

*Die beiden Grundprobleme der Ethik:
Über die Freiheit des menschlichen Willens
Über die Grundlagen der Moral*
Kleinere Schriften II. detebe 20426

Parerga und Paralipomena I
in zwei Teilbänden, von denen der zweite die
›Aphorismen zur Lebensweisheit‹ enthält. detebe 20427 + 20428

Parerga und Paralipomena II
in zwei Teilbänden, von denen der letzte ein Gesamtregister
zur Zürcher Ausgabe enthält. detebe 20429 + 20430

Außerdem erschien:

Über Arthur Schopenhauer
Essays von Friedrich Nietzsche, Thomas Mann,
Ludwig Marcuse, Max Horkheimer und Jean Améry.
Zeugnisse von Jean Paul bis Arno Schmidt.
Chronik und Bibliographie.
Herausgegeben von Gerd Haffmans. detebe 20431